『歎異抄』入門

無宗教からひもとく

阿満利麿
Ama Toshimaro

河出新書
058

はじめに

「あなたの宗教はなんですか？」と問われると、多くの人は「無宗教です」と答える。だが、そういう人でも、「宗教心」は大切だとも答える。実際、「無宗教」だという人には、亡き親の墓参りや、法事に熱心な人が少なくない。

このように、「無宗教」は、決して宗教そのものを完全否定する「無神論」を意味しているわけではない。だが、はっきりとした思想的根拠があって、「無宗教」だと主張しているようには見えない。「無宗教」の中身はなんなのか。

一つは、教祖がいて、教義を宣伝するプロの宗教家がいて、教団としてまとまっている宗教とは、なんとなく距離を置きたい、あるいは、そんな教団に縛られたくない、という気分ではないか。

二つは、いつの間にか身についた「習慣化した生き方」をいうのではないか。人は、いつも順調な人生を歩むとは限らない。そんなとき、生きてゆく上での「よりどころ」がほしい。だが、なかなか、その手づるは身近にはない。となれば、不安な時間をなんとかやり過ごし、問題が忘却の彼方《かなた》に消えるのを待つしかない。このように、不安と忘却の連続がいつの間にか身について、生き方をめぐって、あらためて一つの立場を選択することがなくなる。そんな生き方が、あえていえば「無宗教」となるのではないか。

この本は、教団の宗教には近づきたくないが、いつしか自分の心の隅に住み着いた不安が気になるようになったとき、手に取ってもらえれば、という思いから書かれている。

本書は、文字どおり『歎異抄《たんにしよう》』入門である。また、現代語訳にしたからといって、その内容の理解が容易になるわけではない。読む側が試される書なのである。『歎異抄』の内容を逐一、解説するのが目的ではない。私の見るところ、私たちの「無宗教」という心のあり方が、どんな課題をもっているのか、それが『歎異抄』を通すと、よく見えてくるように思われる。

このように、『歎異抄』には、私たちの「宗教」をめぐる常識を見直すことからはじまり、さらには、今まで意識しなかった自分のあり方が見えてくるといった、いわば私たちの心を映す鏡のはたらきがあるといえる。本書は、この鏡の一端をのぞいてみませんか、というすすめである。気軽に手にしてもらえれば、うれしい。

二〇二二年十二月八日　成道会《じょうどうえ》の日に

阿満利麿

目次

第一章

あなたも「無宗教」ですか？

「死んだら無になるのか？」

私の知人に、死ぬのは「人」（他人）であって、自分は死なないと思っていた呑気な男がいる。その彼が心臓の手術をする羽目となった。そのとき、彼は珍しくつぎのように質問してきた。「死んだらどうなるのか、無になるのか」、と。その後も会うたびに、同じ質問をくりかえした。私もそれなりに返事をしてきたが、聞き入れた様子は一向になかった。そして、同じ質問がくりかえされた。「人は死んだらどうなるのか、無になるのか」。

その後、彼は手術を無事に終えた。そのせいか、会っても「人は死んだらどうなるのか」という質問を浴びせなくなっていた。その上、彼が今までとは異なり、どこか落ち着いた雰囲気を漂わせるようになっていた。そこで、私は彼になにかあったのかと尋《たず》ねると、およそつぎのような話をしてくれた。

彼は、小さいときに母を亡くしていた。そのため、毎月その命日に墓参りを続けてきた。学生時代はもとより、就職して東京住まいとなってからも、京都にある亡き母の墓地に毎月通い続けた。外国での仕事の時期を除いて、その墓参りはすでに五十年を超えていた。彼は言った。「墓前にいると、母と対話ができるのだ。母は墓前では生きているのだ」、と。彼は、さらに言葉をつづけた。その墓参りを、この間、息子が彼の死後も続行すると約束してくれたのだ、と。それが、彼に安心感をもたらしてくれたのである。彼にとって、息子が墓参りを引き継いでくれることは、息子の心のなかに、自分が生き続けることを意味している。息子の約束は、彼にとっては、自分の死後の「物語」ができ上がったことを意味していた。もはや、「死ねばどうなる」と聞く必要はなくなっていたのである。

「ご先祖」になる

友人が死後の自分のありようについて、落ち着きを得たのは、息子が彼の死後、墓参りを続けてくれるという、その一言のおかげであった。考えてみれば、彼のこういう納得の仕方の背景には、人は死ねば血を分けた子孫の祭祀《さいし》や供養を受けて、いつしか「成仏《じょうぶつ》」して「ご先祖」になる、という日本人に親しい観念が生きていたのではないか。

つまり、人は死ぬと、子供や孫といった血を分けた身内から、葬儀をはじめとして四十九日間の祭祀や供養を受け、さらに、一年、三年、七年、さらには三十三年目の法事があって「ご先祖」になる、という考え方である。なぜ、三十三年が節目になるのか。それは、それまでは死者のタマシイは死の穢《けが》れを脱することができず、三十三年目にしてはじめて清らかなタマシイになり、「ご先祖」というタマシイの集合体に溶け込んでゆく、と考えられてきたことによる。地域によっては、三十三年目に戒名《かいみょう》を記した位牌《いはい》を焼いたり、川に流す習慣などがある。死者が固有名詞を捨てて「ご先祖」になる証《あかし》といえよう。そして、「ご先祖」は、「山の神」、「田の神」となってムラを守護するのであり、また、盆や正月に子孫のところへ戻ってくるとも信じられてきた。「無宗教」であっても、盆や正月に帰省する人が少なくない理由であろう。あるいは、「ご先祖」は、ときに子孫となって生まれ変わってくることもある。少し前までは、子供が生まれると先祖の名前から一字をもらって名前をつけることは普通であった。彼の死生観には、こうした「ご先祖」の観念が影響を及ぼしていたのであろう。

「無宗教」と「先祖教」が多い理由

友人は、墓参りの際、墓前では「南無阿弥陀仏」と称《とな》えるという。そこで私は「君は仏教徒なんだね」と聞いたことがある。彼は「いや違う、私は無宗教だ」と答えた。念仏は両親が称えていたからそれを真似ているだけで、自分はその意味も知らないし、また坊さんに尋ねたこともない、とも。そうとなれば、お世辞にも「仏教徒」と名乗るわけにはゆかないのも当然といえる。「無宗教」が彼の心情を表現する精いっぱいの言葉なのである。

「無宗教」を名乗る日本人の大多数も、彼と似た状況にあるのではないか。「仏教」といわれっきとした宗教を別に否定しているわけではない。ただ、亡き肉親の供養のために、彼らの力を借りているだけのこと。それ以上のことはない。だから、「仏教徒」ではなく「無宗教」なのである。

加えていえば、僧侶たちの多くも、死者供養が自分たちの仕事だと思っているようであるし、そのための儀礼や読経に堪能であれば、僧侶の資格は十分に備えていると思いがちであろう。宗派ごとに異なる教学に通じている僧侶は、数も少ない。ある先輩はそうした仏教教団の在り方を「二階建て」と表現したことがある（梶村昇『法然上人伝《ほうねんしょうにんでん》』）。一階は「先祖教」で、二階は「教学」（学問仏教）で、一階と二階をつなぐ階段はない、というのだ。こうした不思議な構造が長きにわたって維持されてきたのも、一階の「先祖教」の勢力・伝統が強力であったからであろう。今も、その構造は変わらないようである。

「先祖教」で安心できるか

無宗教者が「宗教心は大事だ」というときの「宗教心」の中身は、すでにのべた友人の例からも分かるように、亡き肉親の供養を中心とする「先祖教」を意味する場合が多い。

あるいは、正月は神社に詣出て、盆や両彼岸には先祖の墓参りに出かけるという無宗教者も多い。正月や盆の行事は、「先祖教」の一面なのである。

思うに、亡き肉親に対する敬虔《けいけん》な供養は、十分に宗教的なのであろう。自分を超えた存在に手を合わすという意味でも。しかし、宗教が自分でなんらかの「教え」を選択して、その「教え」に基づく「行《ぎょう》」を実践することによって、現実を生きていく上での「よりどころ」を得ることだと考えるならば、「先祖教」はいささか安易なのではないか。なぜならば、「先祖教」では、自分の「安心」は死後の肉親の手にゆだねられているからであり、彼ないし彼女自身が「教え」を選ぶという決断は、どこにも見いだせないからである。私の「安心」、「よりどころ」は、肉親といえども、要するに他人任せなのである。

もとより、自分の「よりどころ」を特定の「教え」に求めることは、しんどいことである。第一、どのような「教え」が自分に合っているのか、その検討だけでも大変だし、まして、その「教え」を自分のものにするのは、もっと大変なことになろう。教会やお寺などに足を運んで、「教え」を聞かねばならないし、聞いただけで、簡単に「教え」が身につくわけでもないからである。そういう意味では、人は死ねば肉親の供養を得て、最終的には「ご先祖」になるという道は、いうならば、淡々と死んでゆける楽な死に方、生き方といってよいだろう。

だが、それで、この人生を生ききることができるのであろうか。たとえば、子供のない人はどうすればよいのか。死後の自分の落ち着きをもたらしてくれる法事は、誰が営んでくれるのか。いや、私が実際に聞いた、ある男性のつぎのような話の場合、どうすればよいのか。彼は、あるとき、子供を思いもかけず交通事故で失うことになった。その悲しみに打ちひしがれていると、彼の母が孫を失った悲しみのあまり突然亡くなってしまったのである。こうして彼は、一日に小さな棺と大きな棺を送り出さねばならなくなった。彼はそのとき、この世には神も仏もいないのだ、と絶望のどん底に落とされたという。この話は極端だが、私たちの人生では、どうしようもない絶望や不安が生じることもあるではないか。そんなとき、いずれ「ご先祖」になるのだからという、「安心」の「世襲」という筋書きが役に立ってくれるであろうか。

「無宗教」は合理的な生き方か

さきに紹介した友人は、「死ねば無になるのか」と何度も質問してきた。彼だけではなく、「無宗教」だという人の多くは、人は死ねば「無」になると考えているようである。

それは、一昔前の、人は死ねば「極楽」か「天国」に生まれるとか、「地獄」に堕ちるといった言い方に比べると、科学時代を生きる現代人にふさわしいかのような印象を受ける。

だが、果たして、科学的で「合理的」な考え方といえるであろうか。というのも、死ねば「無」になるということを実際に見てきた人もいないし、人の死後は「無」だ、と科学的に実験して判明したわけでもないからだ。その意味では、「無」は、「地獄」や「極楽」、「天国」といった観念と、同じレベルの言葉だといえる。要するに、死後の世界について、今を生きている人間の「思い」が託されているだけのことであろう。つまり、人生は生きている間だけに意味があるのであり、この人生を享受して終われば、それで人生は十分なのだ、という考えが背景にあるのではないか。むつかしくいえば、「現世」だけで事足りているという、「現世」主義なのである。

もっといえば、人生の意味は、生まれてから死ぬまでの、たかだか百年で完結している、という考え方といってもよい。だが、その百年間で、人はなにを完結できるのであろうか。

ある日の新聞記事に、こんな話が出ていた。その人は人生でいろいろなことをやってきた、趣味も多彩である。だが、どこか虚しいというのである。この空虚感をどうしたらよいのか、という訴えであった。

これほどはっきりした感慨でなくとも、色々なことが差し掛けのままで、人生の終わりを迎えざるをえないのが私たちではないか。自分で考え、実行できることは限られている。反対に、手におえず、放置、あるいは、忘却に任せて終わらざるをえないことがいかに多いことか。

となると、人生百年間で、問題のすべてを解決して、満足のうちに「無」となってゆく、というのは相当に恵まれた、きわめて少数の人のことであろう。

だからこそ、一昔前までは、人は生まれる以前の時代があり、死後もまたすがたを変えて存続するという、長い時間軸のなかで人生の意義を考えようとしたのである。その意味づけの破片が「極楽」や「地獄」、「天国」という言葉にほかならない。

それに比べると、死後を「無」だと決めることによって、私たちは、どれほど豊かな人生をイメージできるのであろうか。どう考えても、痩せた人生観のように思われるが、いかがであろうか。

「垣根」を壊されたくない

宗教は、本来、人生の不条理に直面した「私」が、その不条理を納得するために、多様な「教え」のなかから縁《えん》のある「教え」を選びとって、それにしたがって、なんらかの「行」を実践するものといえる。

にもかかわらず、「無宗教」の立場は、そうした「選択」、「決心」、「実践」を一切しない。もしなんらかの不条理、解決がむつかしい困難、底知れない不安に襲われることがあっても、しばらくは耐えて、やがて、すべてを忘却にゆだねる、という道を選ぶのが「無宗教」の立場なのではないか。要するに、人生になにごとが生じても、自分の考えだけで処理しようとするのであり、処理しきれないときは、ないことにする、という考え方である。

それは、自我が一番大事であり、自我が身につけている考え方、価値判断をなによりも優先するという生き方だといってもよい。自我は、自らを守るために、いわば、幾重にも「垣根」をめぐらしている。「宗教」という、よく分からないものによって、その「垣根」を壊されたくない、それが「無宗教」者の本音なのであろう。

思えば、そのような自我を取り巻く「垣根」のゆえに、人はしばしば互いに争い、悲哀や絶望を経験しているのである。その自我のありようを問うのではなく、「垣根」が揺るがないように、ちょっとでもその危険があれば近づかない、というのが「無宗教」の精神なのではないか。別の言葉でいえば、常識を超えた考え方には近づかない、という用心深さといってもよい。しかし、それだけで生ききれるであろうか。自我を「垣根」で防護する道ではなく、「垣根」を低くしても、自我が動揺しなくてすむ道もあるのではないか。もっといえば、自我の弱点を認めた上で、それを変えるのではなく、そのままで、しかも、新しい生き方が手にできる道もあるのではないか。つぎに、その道のことを考えてみたいと思う。

原因や理由を知って納得したい

「宗教」という言葉は、評判がよくない。多くの日本人は、宗教はインチキなことを教えて金を巻き上げるだけではないか、と非難している。また、そんなインチキにひっかかるのは「弱い人間」であり、自分はそんな類《たぐい》の人間ではない、と自負してもいる。

たしかに、教団のなかには、信仰による病気治しや貧乏からの解放、人間関係のもつれの解消をうたっているものも少なくない。なかには、教祖が特別に祈りを捧げた水を飲むと、難病でも治ると宣伝している場合もある。いわゆる「現世利益《りやく》」を売り物にするのである。これはほんの一例にしかすぎないが、非科学的で、インチキな話が宗教には数多くまとわりついている（そうでない宗教もあることはいうまでもないが）。

そういうこともあって、私はあるときから「宗教」という言葉を避けて、「大きな物語」というようにしている。では、「大きな物語」とはなにか。そのヒントは、右のインチキな話に「弱い人」がひっかかる、という事実のなかにある。分かっていても、なぜインチキな話に、人はひっかかるのであろうか。

ある教祖は、難病に苦しむ人に対して、あなたの難病の原因は、あなたが「前世」で動物を殺してきたからだ、と説明する。難病に苦しんでいなければ、このような説明は受け入れられるはずもないが、自身が難病に苦しんでいるがゆえに、この荒唐無稽な説明を受け入れてしまう。なぜ、受け入れるのか。それは、難病の人にとって、難病がどうしてほかの人でなく、この自分の身の上に生じたのか、その原因を知りたいと思っているからなのである。

人は身に余る不幸、あるいは幸福に襲われると、どうしてこの自分だけがそのような不幸、あるいは幸福を受けるのか、その原因を知りたいと思うものである。たとえこじつけであっても、その原因を明らかにしないと落ち着けない。難病も、現代医学からすればある程度の説明もつくし、また病名も分かる。しかし、本人にとっては、なぜ自分がこんな病にかからねばならないのか、その理由、原因を知りたいのである。理由が分かれば、納得もできる。納得ができれば、いささかの落ち着きも生まれてくるはず。しかし、どうしてもその理由が分からないときは、インチキな教説にもとびつくのである。

ことは、難病だけではない。なぜ私だけがこの困難を引き受けねばならないのかという、行き場のない怒り、不満、不安は、普通の暮らしをしている、普通の人間であっても生じる。ましてや、さきに紹介したような、一日に小さな棺と大きな棺を送らねばならないような悲劇が生じると、その思いは劇的となろう。わが身に異常を生ぜしめた、その説明が欲しいのである。だが、納得のゆく説明を手にすることは、きわめてむつかしい。なぜなら、そもそも人は未完成な存在なのだから。

どういうことか。それは、人は問いを発することはできても、いつも、その答えを手にできるとは限らない存在だからである。たとえば、人はどこから生まれてきて、どこへ死んでゆくのか、あるいは、人はなんのために生きているのか、こうした問いに対する明確な答えはない。あるのは解釈ばかり。もちろん、暮らしのなかのさまざまな問いを科学的に解明して、今の文明的暮らしが成り立っているのであるから、人間は問いを発することができても、答えを得ることができない未完成な存在だというのは一面にすぎるというお叱りは、十分に承知している。つまり、人は「意味」に生きる動物だ、ということがいいたいのである。とりわけ、不幸に襲われたときには、その意味が知りたいのである。だからこそ、荒唐無稽な説明でも受け入れてしまう。加えていっておけば、こうした「意味」は、科学によっては得られない。別の智慧《ちえ》が必要なのであり、それが「大きな物語」なのである。

「大きな物語」に納得する

蟬といえば夏だろう。成虫になるには地下で数年必要と聞くが、成虫だけに限っていえば、蟬は夏しか知らない。こうした判断ができるのは、私たちが四季を知っているからである。同じように、人間は百年は生きると思っているが、もっと長命な生き物がいるとすると、その目からすれば、人間は百年しか知らない生き物だ、ということになろう。

なにがいいたいのか。それは、私たちの日常の暮らしを支えている時間軸や空間軸も、私たちにとっては当たり前の、絶対的な物差しになっているが、視点を変えれば、それらは、私たちの思い込みでしかない一面もある、ということなのである。その「思い込み」から解放されて、日ごろの時間感覚、空間感覚から自由になってみると、意外にも、現在の苦しみや疑いなどが底の浅いものであることが分かり、その解決にも目途が立つことがある。それが、「大きな物語」の役割なのである。

くりかえせば、「大きな物語」とは、拡大された時間軸・空間軸のなかで、世界や人間のあり方や生き方が論じられており、常識の枠にとらわれている人間には、はじめは戸惑いが生じるが、最終的には、新しい意味づけが得られ、それが新たな「よりどころ」となる。

「大きな物語」は、しばしば、おとぎ話のような様相を見せることもあるが、その叙述には、深い真理が宿されている。多くの場合、「大きな物語」には特定の作者はいない。人間が「未完成」であることに気づいた先人たちは、その叡智を集めて、「大きな物語」をつくり出してくれたのである。これから紹介してゆく仏教も、「大きな物語」の一つ。とくに、紀元前後くらいに成立してくる新しい仏教（「大乗仏教」）の経典類は、典型的な「大きな物語」といえる。

ある西洋人の自己変革

「大きな物語」との出遇《であ》いは、人によってさまざまだが、ここでは、アメリカ人で環境保護運動家・核兵器廃棄運動家のＪ・メーシーの仏教との出遇いを紹介してみよう。

彼女は、一九六〇年代に「平和部隊」の行政官であった夫に同道して、しばらくインドに滞在していたことがある。その仕事は、いわゆるチベット難民の支援であった。チベットは、第二次世界大戦後、中華人民共和国の支配下に置かれ、数多くのチベット人がインドに逃れてきていた。そのなかで、メーシーは三つの出来事を立て続けに経験する。

一つ目は、チベット僧が開く西洋人のための仏教講座に長男を出席させたときであった。チベット僧が講義していた。あらゆる人は、「前世」のどこかで、あなたの母であったことがある。そのことが分かるための修行がある、と。彼女は、およそ「前世」という考えを受け入れることができず、そのときは聞き流すだけで終わった。

だが、その講座の帰り道、大きな丸太を背負って、山道を下ってくる労働者に出遇った。彼女は「ナマステ」と挨拶して、彼の顔を覗き込んだ。白髪交じりの顎鬚《あごひげ》とボロボロになったターバン、それに節くれだった手が目に入ってきた。すると、不思議なことに、この労働者がかつては自分の母であったかもしれない、という思いが湧き出てきたのである。

さらに不思議なことは、その思いが生じるためには、「前世」という言葉も必要ではなかった。

二つ目の出来事は、その日の午後のこと。お茶を飲んでいると、カップに蝿が入った。インドでの暮らしにも慣れてきていたので驚かなかったが、一人のチベット僧が近づいてきて、カップのなかの蝿を指でつまみ上げて去っていった。しばらくすると、彼が戻ってきて、ニコニコしながら、「蝿は大丈夫、木の葉の上に置いたから間もなく羽も乾くでしょう」、と言って去っていった。

三つ目の出来事は、中国で弾圧を経験してきたチベット僧の話を聞いているときだった。あまりに残酷な弾圧ぶりに、メーシーは身震いした。話している僧も、涙を流していた。メーシーは、てっきり、彼がわが身の苦しみを思い出して涙している、と思った。だが、彼が突然、「かわいそうな中国人、こんなひどい業《ごう》をつくってしまって」、と言ったのだ。彼の涙は自分のためではなく、弾圧した中国人のためなのであった。

この三つの出来事を通じて、メーシーは、仏教が教える「慈悲《じひ》」とはどういうことか、身をもって理解した。それは、仏教の根本の教えである縁起が、彼らの身についていることを示していた。「縁起」とは、あらゆることが相互に関係しあって存在していることだが、個人の独立した人格という観念を重視する西洋人には、容易に親しむことができない教えでもあった。

このこともあって、メーシーの仏教の勉学が深まることになる。とりわけ、「縁起」の理解について、彼女は面白い事実を引用する。つまり、私たちの一呼吸には、十の二十二乗個の原子が含まれており、そのうち、全世界の人が過去二、三週間の間に吸った原子が千兆個、それ以前に誰かが吸った原子が百万個以上含まれているのだ。しかも、一日の呼吸回数は一人当たり二万回だそうだから、まさしく人類は、同一の原子を使いまわして「相互呼吸」をしていることになる。「縁起」を「相互依存関係」といい換えれば、まさしく私たちの毎日の暮らしは、「縁起」によって支えられていることになろう。

こうして、メーシーは、「縁起」に支えられてはじめて、「慈悲」の実践も可能だ、と悟ったのである。そうなると、西洋文化のなかで、当然の前提となっている「独立した不変の自己」という考え方、あるいは、「世界対自己」、「他者対自己」という対立が絶対的なものではない、むしろ誤謬《ごびゅう》ではないかと思われてくる。

ここから、メーシーは、「自己」についても、西洋社会で当然とされているエゴ中心を「エゴ・セルフ」と名づけ、その「エゴ・セルフ」から、互いに関係性のなかにあるという「エコ・セルフ」への転換が不可欠であり、それがもろもろの社会運動を円滑に進める出発点になる、と気づいたのである。

ここには、欧米における社会思想が、仏教という「大きな物語」と出遇うことによって、変化を遂げ、新しく生まれ変わってくる過程がうかがわれる。

ではさらに、「大きな物語」と出遇うことによって、私たちの生き方がどのように変わってくるのか、とくに仏教、とりわけ「阿弥陀仏の物語」を中心に紹介してみよう。

第二章

「阿弥陀仏の物語」とは？

なぜ「阿弥陀仏の物語」が生まれたのか

私たちの直面する苦しみや不安も、その原因が明らかにできれば、苦でなくなり、不安も解消される。だが、その原因を尋ねてゆくと、苦しみをもたらしている原因は、決して一つではなく、多くの原因と結果が複雑に絡み合っているのだ。そうなると、私たちの力では、苦しみをもたらす因果の関係のすべてを見通せる智慧《ちえ》を身につけることなど、思いも及ばないことになる。こうして、解決できない苦しみや、不安をもったまま生きるのが、人生ということになる。

ここで、「阿弥陀仏の物語」が登場する。歴史的にいえば、紀元前後のころといわれる。仏教そのものは、紀元前五世紀ころ、ゴータマ・シッダールタによってインドで生まれた。彼は三十五歳のときに、「生老病死」の「苦」を脱するための智慧を身につけて、「ブッダ」(「悟った人」・「仏」・「釈尊」)になったとされる。その後、「ブッダ」の教えは、智慧を獲得するための精緻な修行の体系とともに、各地に広がってゆくが、こうした修行は、限られた人々のものになり、多くの人々が取り残されてゆく。

そこで、紀元前後くらいから紀元三世紀ころにかけて、万人の救済を目的とする、新しい仏教がインドで生まれてくる。そこでは、多くの「大きな物語」(「経典」)が生まれるが、その一つが「阿弥陀仏の物語」なのである。経典名は、漢訳されて『無量寿経《むりようじゆきよう》』という。

私たち「凡夫」のための教え

「阿弥陀仏の物語」は、釈尊の弟子、阿難《あなん》が、阿弥陀仏という仏が生まれた経緯を釈尊から聞いた、という形式をとっている。いうまでもないが、ここに登場する釈尊も、阿難も、歴史上に実在した人物ではなく、物語のなかの登場人物である。

はじめに、私が興味をもつのは、物語の聞き手が阿難だという点にある。阿難は、歴史的には、釈尊の従弟《いとこ》といわれている。阿難は、釈尊の五十五歳ころに侍者になり、釈尊が亡くなるまで、身の回りの世話をしてきた。そのため、釈尊の教えの数多くを聞くことができたので、のちには、「多聞《たもん》第一」とよばれるようになる。

だが、阿難は、釈尊の存命中には、悟ることができなかった。伝えられるところによれば、阿難は美男であり、世話好きであり、恩愛の情が大変深く、相手に同情しすぎて、状況を客観的に見ることができない人物であったという。そういうことも、彼が早々に悟ることができなかった理由であるかもしれない。彼が悟ったのは、釈尊亡きあと、兄弟子たちの導きのおかげであった。

思うに、恩愛の情に深く、ときに人情に流されることが多かった阿難こそは、私たち凡《ぼん》夫《ぷ》の代表なのではないか。その阿難がこの物語の聞き手として起用されているということは、この「阿弥陀仏の物語」が、私たち「凡夫」のための教えであることを示して余りあるように思われる。ちなみに、「凡夫」とは、なにごとにつけても、いつも関心の中心が自分にあり、他者への関心も自分のため、というような人間のことである。

悪世を生き抜くための物語

さらに興味があるのは、「阿弥陀仏の物語」によれば、阿弥陀仏は、「五濁悪世《ごじょくあくせ》」の真っただ中に登場してくる「仏」だという点である。「五濁」とは、人間とその世界の悲惨のことで、五とおりに分けて説明されている。

一つは、時代のひどさをいう。戦争・飢饉・疫病が絶えないこと。「劫濁《こうじょく》」という。二つは、思想の貧弱化、思考力の劣化。「見濁《けんじょく》」という。三つは、人の考え方が自己中心を免れず、自己の価値観にこだわり、世界と人間をより深く考察する意欲が欠けていること。しかも、その自覚もない状況。「煩悩濁《ぼんのうじょく》」という。四つは、人間自身の身体の資質が低下して、多病となり、精神もまた病む。「衆生濁《しゅじょうじょく》」という。五つは、人間の寿命が短くなる。

もとは、二万歳であった。「命濁《みようじよく》」という。

　こうした「五濁」の説明を聞くと、現代もまた「五濁」を免れてはいない、いや、ますます「五濁」が深まっている、という感慨をもたざるをえない。たとえば、アフリカで餓死した子供の遺体を解剖したら、胃から小石がたくさん出てきた！というニュース。日本でも、子供の七人に一人が貧困状態にあり、学校給食だけが唯一の食事という小学生たちが多数いる。パートの月収が五万円に満たない母子家庭。貧富の格差のひどさは、言語を絶する。世界の富の半分は、数十人に握られているという。こうした矛盾の解消に努力してきた人々も決して少なくないが、状況が変わらないということは、「五濁」が示す、人間の劣化そのものが原因と考えざるをえないのではないか。

　こうした「五濁悪世」のただ中で、釈尊は、悟りに達して仏となり、人々に教えを説く。「阿弥陀仏の物語」によれば、「釈尊は、悪世に生きる人々に説法することが劇苦《ぎやくく》であった」、と記している。なぜなら、人間どもは互いに髑髏《しやれこうべ》を握り、手を相手の血で染め、戦いに明け暮れている。そんな人間たちに向かって、教えを説くのである。文字どおり、「劇苦」のなかでの説法であった。そして、釈尊は、「自分が生きている間は、教えがかろうじて広まった地域は、安穏で平和であるが、自分が死ねば、ふたたび、もとの五濁悪世に戻るから、この経典を後世に残しておくのだ」、と遺言する。

　歴史上のゴータマ・シッダールタ、つまり釈尊のイメージは、静謐な聖者であるが、「阿弥陀仏の物語」に登場する釈尊は、悪世のただ中で真理を説くために、途方もない苦労を重ねている。まさしく、「阿弥陀仏の物語」は、「五濁悪世」を生き抜く「よりどころ」を教える物語なのである。

新しい理想の国を求めた法蔵

「阿弥陀仏の物語」は、阿難が釈尊の様子に異変を感じたところからはじまる。釈尊は、いつものように瞑想に入っていたが、その日は、特別に顔つきが光り輝いているように見えた。そこで阿難が問う。「いつもと違って、おすがたが特別に輝いているように見えますが、どうされたのですか」、と。そこで釈尊は、答える。「よきかな、阿難よ。あなたは衆生を憐れむがゆえに、私の顔つきの変化を問うたのであろう。阿難よ、汝がために新しい教えを説こう」、と。こうして、釈尊が自らの深い瞑想のなかで感得した「阿弥陀仏の物語」を、阿難に向かって開陳することになる。

　その要点の一つは、阿弥陀仏の前身が「法蔵《ほうぞう》」という名の人間であった、ということにある。釈尊によると、「世自在王仏《せじざいおうぶつ》」という名の仏が活動していた時代のこと、一人の国王がいた。彼は世自在王仏の説法を聞いて、深い喜びの心を起こし、最高の悟りを目指すことになる。そのために、王位を捨て、国を捨て、出家した。そして、「法蔵」と名乗る。

法蔵は、世自在王仏の弟子となり、自分もまた仏になり、今までになかった「仏の国」をつくりたい、そして、その国に生まれた者は、すべて仏になるようにしたい、と誓う。そして、師の世自在王仏に懇願する。「どうか私のために教えを説いてください。その教えにしたがって修行を重ねて、すでにある数多くの仏の国から選択して、もっとも優れた国を建立したいのです」、と。すると、世自在王仏は、法蔵の切なる願いにもかかわらず、「自分で考えよ」と応じる。そこで法蔵は、「せめて、すでにある仏の国々について、それらがどのような修行によって生まれたのかを聞かせてほしい、それを参考に修行するから」、とさらに願った。

するとと世自在王仏は、その願いを誉め讃えて、「二百一十億《にひゃくいちじゅうおく》」の仏たちの国を取り上げて、その国土に住む人々の善し悪し、国土の出来具合を、すべて目の前に現出させて見せた。世自在王仏は、法蔵が求める理想的な「仏土《ぶつど》」を得るための方法を説くのではなく、仏土そのものをすべて提示することによって、法蔵が自ら考えて、新しい国づくりができる手がかりを与えようとした、といえる。

こうして法蔵は、理想の仏土をつくるために、あらためて特別の願いを発する。それは、これからつくろうとする、仏土のいわばデザインを完成するための「行《ぎょう》」を明らかにする作業なのだが、そのために「五劫《ごこう》」という時間を必要とすることになった。「劫」とはインド神話の時間の単位だが、私たちにとっては、ほぼ「無限」に近い。伝説では、四方が一由旬《いちゆじゅん》の鉄の城に芥子粒《けしつぶ》を満たし、百年ごとに一粒ずつ取り出して芥子粒全部がなくなってもまだ「一劫」は終わらないという。「一由旬」とは、約七キロメートルという説がある。

そこで、阿難は、世自在王仏の寿命がいくらかを釈尊に問う。というのも、法蔵が「五劫」もかけて必要な「行」を獲得するのに、師の世自在王仏が亡くなっていては、話が進まないと思ったからだろう。釈尊曰く、「四十二劫なり」、と。


途方もない時間をかけて「四十八願」を実現

法蔵が「五劫」という、とてつもない時間をかけて手にした、新しい仏土の設計図と、そこにいたる方法とはどんなものなのか。それは、四十八にのぼる「願《がん》」として示されている。

今回は、そのすべてを紹介することはしない。関心のある方は、直接、『無量寿経』にあたってもらいたい。たとえば、第一願はつぎのようにのべられている。現代語訳でいえば、「もし私が仏になったとき、私の仏土に地獄・餓鬼・畜生という三悪道がないようにしたい。そうでなければ私は仏にはなりません」、となる。実際は、この願いは実現したのであるから、法蔵のつくった仏土には、「地獄・餓鬼・畜生」はない、ということになる。以下、どの願の文章も、冒頭は「もし私が仏になったら」ではじまり、つぎに、願の内容が示されて、おわりは、「そうでなければ、私は仏になりません」と締めくくられている。

ちなみに、私は四十八願を三つのグループに分けると理解しやすい、と考えている。

第一のグループは、第一願から第十六願までで、これらは阿弥陀仏が私たちを迎えるために、事前にどのような準備をしているのか、いわば私たちを迎えるための環境整備にあたる内容である。とくに、法蔵が考えている仏土では、人間の苦しみや悪業《あくごう》が一切存在しないこと、また、この世にある差別が一切ないこと、あるいは、自己が悟るだけではなく、他者を救うための身体的能力の保証、そして、阿弥陀仏自身が一切の生きとし生けるものを救うために、「無量の光明《こうみょう》」と「無限の寿命」をもっていること。ここでいう「光明」は、智慧《ちえ》のこと。

第二のグループは、第十七願から第三十二願まで。これらの願は、私たちが「阿弥陀仏の国」に生まれるための条件、方法を提示する。そして、仏になったならば、どのような活動ができるのかを説く。このなかにこそ、本書のテーマである、阿弥陀仏による救済原理が明らかにされている。その中心にあるのは、第十八願である。のちに、あらためて紹介しよう（51ページ）。

第三のグループは、第三十三願から第四十八願まで。今まで説いてきた諸願が実現しやすいように工夫された願がふくまれる。

注意を要するのは、こうした四十八にのぼる願は、いずれも、法蔵が「五劫」という途方もない時間をかけて選択した結果だ、ということである。つまり、それぞれの願の背後には、願として選択されなかった無数の願いがある、ということである。四十八願は、また、「誓願《せいがん》」ともよばれる。

なお、「阿弥陀仏の物語」によれば、こうした願はいずれも実現しているのであり、だからこそ、法蔵は阿弥陀仏になっているのである。しかし、疑問が生まれるのではないか。

すべての人がまだ阿弥陀仏の国に生まれていないではないか。生まれていないどころか、およそ仏教に関心のない人や、他者を抑圧し続けている人、戦争に明け暮れている人が夥《おびただ》しくいるではないか。この世のどこに慈悲《じひ》が貫徹しているといえるのか、等々、疑問は深まるばかり。法蔵は、自分の願いが実現しない間は、仏にならないと誓っていたではないか。法蔵が阿弥陀仏になったという以上は、その願いは、すべて実現しているはずではないか。

いつか、すべての人が仏土に生まれる

こうした疑問に、優れた比喩をもって答えている人物がいる。それが、曇鸞《どんらん》である。曇鸞は、六世紀に活躍した中国仏教の高僧で、とくに中国浄土仏教の祖といわれている。

曇鸞は、いう。「すべての衆生がまだ仏にならないうちに、法蔵だけが阿弥陀仏になってしまうのは、たとえば、草木の山を焼くのに、木の箸を使うとして、草木をつまんでは焼いてゆくと、すべての草木を焼き尽くす前に、箸の方がさきに燃え尽きてしまう、というようなものだ」と（『浄土論註《じょうどろんちゅう》』）。曇鸞がいわんとするのは、ひとたび火がついた草木の山は、草木を集める木の箸が燃えてしまっても、いずれ全体が燃え尽きる、ということだ

ろう。つまり、いずれの日にか、一切衆生は阿弥陀仏の国に生まれるのである。早いか、遅いかの違いでしかない。すべてが救われるためには、数万年かかるのか、数百万年かかるのか……。

ところで、「南無阿弥陀仏」と称《とな》えると、いかなる人間でも、死後、必ず阿弥陀仏の国に生まれて、早晩《そうばん》（遅かれ早かれ）仏になる、という教えがある。これは、阿弥陀仏の本願に基づく念仏だから、「本願念仏《ほんがんねんぶつ》」という。「本願」の「本」は、阿弥陀仏がもと法蔵という名前であったことを意味している。この「本願念仏」の教えこそが『歎異抄《たんにしょう》』を貫いているが、この教えを発見した人が法然《ほうねん》（平安後期から鎌倉時代の僧）にほかならない。法然は、「阿弥陀仏の物語」を、いわば革命的に読み直して、私たちの救済と直結した人なのである。「阿弥陀仏の物語」は、法然によって甦った、といってもよい。

つぎに、「阿弥陀仏の物語」をめぐる、法然の苦心の解釈を紹介しておこう。それは、『歎異抄』を読み進める上で、不可欠の準備だから。

第三章

法然が生み出した「本願念仏」

道理に向き合った法然

法然《ほうねん》には、生身の師はいなかった。法然にとって、その求道を支えたのは、中国の浄土《じょうど》教《きょう》思想家、善導《ぜんどう》という歴史的人物であり、法然は、ひたすらその著述をたよりに、「阿弥陀仏の物語」から、自分自身はもとより、何人《なんびと》をも納得させずにはおかない、確かな道理を紡ぎ出そうと努力した。眼前の人格による教示ではなく、道理にじかに向き合って、否応なく納得せしめられるという道筋にこそ、法然の求道の著しい特徴があるといえる。

この点、法然の弟子、親鸞《しんらん》は恵まれていた。親鸞は、法然という、かけがえのない生身の師と出遇《であ》うことができたのであるから。だからこそ、親鸞は、「よき人の仰せをこうむって信じるほかに特別の理由はありません」（『歎異抄《たんにしょう》』）、と言いきることができた。のちに親鸞は、「本願念仏」（専修念仏《せんじゅねんぶつ》）の信心を得るためには、教えを信じるだけでは十分ではなく、その教えに生きている人を信じることが不可欠だ、と強調する。教えは、人から人へ伝承されるのであり、人を経由しない教えは、しばしば、抽象論に陥る危険があることを見抜いていたからであろう。

だが、教えを信じるためには、それを信じている「よき人」から学ばねばならない、と強調しすぎることは、「よき人」を特別視して、「人師《にんし》」崇拝に陥る危険をはらむ。現に、親鸞の曾孫から活発な活動を見せる真宗教団では、教えは、特定の「よき人」（「善知識《ぜんちしき》」）から聞かねばならないと決めてかかってくる。しかも、その「よき人」は、具体的には、親鸞の血筋をひく「法主《ほっす》」・「門主《もんしゅ》」であった。「法主」・「門主」は、真宗教団のトップであるばかりか、その後、「阿弥陀仏の代官」として、信者の前で絶大な権力を振るうことになる。もはや、それは、法然を「よき人」と仰いだ親鸞の知るところではなかった。

話がのっけから横道に入ったが、いいたいことは、法然の専修念仏は、「阿弥陀仏の物語」を貫く道理に納得することから、はじまっているという点だ。私が道理に対面することを強調するのは、現代では、親鸞が法然に出遇ったように、「よき人」と出遇うことがきわめてむつかしいからである。また、「よき人」への絶対帰依よりは、阿弥陀仏の誓願《せいがん》を貫く道理にじかに向き合って、その道理に納得できるかどうかを問うことこそが、健康な求道を保証する、と考えるからである。

では、法然は「阿弥陀仏の物語」から、どのような道理を見いだしたのであろうか。結論からいえば、阿弥陀仏の名さえ称《とな》えれば、いかなる人間でも浄土《じょうど》（阿弥陀仏がつくった仏《ぶっ》土《ど》）に生まれる、ということを信じて、念仏さえすればよいのであり、それ以外の前提や条件はない。そこには、救済から取り残される者は、一人として存在しないのであり、法然の言葉でいえば、「一人も漏らさない」のが阿弥陀仏の救済なのである。

どんな原因があれば救済されるか

「一人も漏らさない」とは、どういうことか。結論からいえば、救済に必要な「因《いん》」（直接的原因）も「縁《えん》」（間接的原因）も、ともに、阿弥陀仏の方で完成しており、人はただその物語を信じさえすればよい、ということになる。

ここで、「縁」が強調される理由を簡単にのべておこう。常識では、物事の流れは、原因と結果の連鎖（「因・果《か》」）として理解される。しかし、仏教では、物事が生まれるためには、直接的な原因のほかに、その原因を結果に向けて発動させる、間接的な原因が不可欠だと考える。その間接的な原因が、「縁」なのである。つまり、物事が生じるためには、「因」だけでは不十分であり、その「因」に「縁」がはたらいてはじめて、「果」が生じると考える。しかも、「縁」は、私たちには、いわば偶然としてしか認識できないから、あらかじめ「縁」を予想することはできない、というむつかしさがある。だから、「因」を結果に導く上で、プラスにはたらく「縁」もあれば、マイナスにはたらく「縁」もあることになり、「順縁《じゅんえん》」とか「逆縁《ぎゃくえん》」という言葉が生まれてくる所以にもなる。

救済（仏になる）の場合にも、「因」だけでは不十分であり、「因」を発動させる「縁」が不可欠となる。法然以前の仏教では、「因」は、戒律の遵守や厳格な修行の実践、学問による智慧《ちえ》の獲得であった。しかも、そうした「因」が十分に発揮されるように、師匠を選び、人里離れた山奥が修行の場として選ばれた。いわば、「縁」をも整えようとしたのである。

鎌倉時代に描かれた「山越阿弥陀図」。山の向こうに姿を現した阿弥陀仏が死者を迎えとろうとしている。（奈良国立博物館所蔵）

法然の最大の苦心は、私たちが浄土に生まれて仏になるための「因」がなんであるのかを、「阿弥陀仏の物語」から、新たに選び出すことにあった。ふたたび結論からいえば、それこそが「わが名をよべ」なのである。「わが名」とは念仏のことであり、「南無阿弥陀仏」をいう。この念仏を「因」として選択したことはのちにふれるとして、まず、「縁」に関する解釈を見てみよう。

全世界のすみずみまで届く光

「縁なき衆生《しゅじょう》は度《ど》しがたし」、という言葉がある。「度す」とは、「迷いの世界」から「悟りの世界」へ人々を「渡す」（導く）ことだが、仏といえども、仏にまったく関係のない人間は救いようがない。

たしかに、どれほど勝《すぐ》れた教えであっても、実際に、その教えにふれるきっかけがない以上、絵に描いた餅に終わるしかない。だからこそ、どの宗教も、人々といわば「縁」を結ぼうとエネルギーを費やすのである。場合によれば、執拗なまでにつきまとって説得にかかる。「縁」がなければ、「縁」をつくりだしてみせる、という気構えなのである。

この点、法然の「本願念仏《ほんがんねんぶつ》」では、「縁」のない人には無理強いをしてはならない、と固く戒《いまし》めている。その理由の一つが、「縁」は、阿弥陀仏の方ですでに用意しているという点にある。

「阿弥陀仏の物語」（『無量寿経《むりょうじゅきょう》』・『観無量寿経《かんむりょうじゅきょう》』・『阿弥陀経《あみだきょう》』）によれば、阿弥陀仏は「無量の光明《こうみょう》」をシンボルとしている。それは、阿弥陀仏の前身である法蔵菩薩《ぼさつ》が、「自分が仏になったとき、自分の放つ光明が無量でなければ、仏にはならない」、と誓ったことから生まれた。

　問題は、どうして、法蔵はこのような願いを起こしたのか、という点にある。経典は、「光明はあまねくすべての世界を照らし、念仏する人たちをおさめとって捨てることはない」、と記している。だが、それはあくまでも経典の言葉であって、私たちが日々の暮らしのなかで、阿弥陀仏の光明を見ることはない。では、阿弥陀仏の「光明」とは、なにを意味しているのであろうか。

　法然の解釈は、こうである。たしかに経典では、阿弥陀仏は平等に、一切衆生を仏にしたいと願っている。その願いを貫く、徹底した平等の慈悲《じひ》には、疑いをはさむ余地はない。しかし、「縁なき衆生」という言葉もある。人それぞれが背負う「業《ごう》」が異なるのだから、阿弥陀仏を近しいと感じる人もいれば、遠いと思う人もいるだろう。阿弥陀仏の慈悲心がいかに平等であっても、衆生の方に手づるがなければ、せっかくの阿弥陀仏の慈悲に浴することもできないではないか。だからこそ、阿弥陀仏は、あらかじめ全世界のすみずみにいたるまで光明を放ち、それをもって一切衆生にことごとく「縁」を与えようとしているのだ、と。

つまり、法然にとって、仏教の慈悲は、その救済の対象に例外のあることをゆるさないものなのである。慈悲は、いかなる人間も排除せず、あらゆる人々に平等にはたらいてこそ、はじめて慈悲の名に値する。それが、法然の信念なのである。だからこそ、「縁」の有無によって、仏になる機会が左右されることがあってはならない、と考えられた。念のために、この箇所に関する法然の遺文を引用しておこう。味読してほしい。

（『観無量寿経』に）「光明は遍《あまね》く十方《じっぽう》の世界を照らし、念仏の衆生を摂取《せっしゅ》して捨てたまわず」といふ文あり、済度《さいど》衆生の願は平等にしてあることなれども、縁なき衆生は利《り》益《やく》をかぶる事あたはず。このゆへに、弥陀《みだ》善逝《ぜんぜい》（「善逝」は仏の別名）、平等の慈悲にもよをされて（うながされて）、十方世界にあまねく光明をてらして、転《うたた》（慈悲心がますます強まり）一切衆生にこと〴〵く縁をむすばしめむがために、光明無量の願をたてたまへり、第十二の願これなり。（「三部経大意《さんぶきょうたいい》」）

念仏が救済の「因」となる

では、「わが名をよべ」ということが、浄土に生まれるための「因」になる、ということは、どのようにして発見されたのか。念仏の根拠は、さきにふれておいた『無量寿経』の第十八願にある。まず、その内容を現代語訳で紹介しよう。

もし、私が仏になったとき、あらゆる世界の、生きとし生ける者が私の国に生まれたいと、心を尽くして信じて願い、少なくとも十声、念仏すれば、必ず浄土に生まれるようにしたい。そうでなければ、私は仏にはなりません。ただし、五逆罪《ごぎゃくざい》を犯した者と、仏法を誹謗する者は救済の対象から除く。

漢訳によれば、つぎのとおりである。今は漢文を逐一読まずに、太い活字にしている「乃至十念」という文字が、文章全体のどこに位置しているかを見てもらうだけでよい。

設我得仏、十方衆生、至心信楽、欲生我国、**乃至十念**。若不生者、不取正覚。唯除五逆誹謗正法。

この漢文中の「乃至十念《ないしじゅうねん》」が、いわゆる「念仏」を意味する。だが、文字面だけでは「乃至十念」が「念仏」、「称名《しょうみょう》」を意味するとはとても思えない。そうなるには、これから紹介するように、前述の善導という念仏者の、並々ならぬ努力と工夫があってのことであった。法然は、その結論を引き継ぐ。

まず、注目すべきことは、この第十八願には、人間の側に二つの条件を満たせ、と要求していることだ。一つは「私の国に生まれたいと、心を尽くして信じて願う」（「至心信楽、欲生我国」）ことであり、二つ目は「少なくとも十声、念仏する」（「乃至十念」）ことである。加えて、「五逆罪を犯した者と、仏法を誹謗する者は救済の対象から除く」（「唯除五逆　誹謗正法」）という除外規定がつけられている。

一つ目の条件は、念仏するときの心持ちを、規定しているといってよい。漢文でいえば、「至《し》心《しん》」（まことの心をもって）、「信楽《しんぎょう》」（信じ願い〈「楽」は願うという意味〉）、「欲生我国《よくしょうがこく》」（阿弥陀仏の浄土に生まれたいと欲する）という三つの心なのだが、この三つの心をもって念仏せよ、と第十八願は教えている。では、なぜ念仏をするのに、「三つの心」（以下「三心《さんしん》」）という特別の心構えが必要なのか。

「三心」についての善導の矛盾

善導によれば、浄土教だけではなく、およそ仏教全体に通じていえることは、「行《ぎょう》」を実践するには、その「行」の目的をはっきりさせ、また、その「行」を持続することができる意志、という心構えが不可欠であり、もし、目的意識や「行」を持続する意志力を欠くと、「行」自体がいわば迷路に入り、「行」の目的が達成できなくなる、という。念仏の実践においても、同じことが当てはまる。それが、第十八願に規定されている「三心」なのである。

このように、善導は、「行」には、特有の心構えが不可欠だ、と説明するが、不思議なことに、善導自身は、第十八願の本文を、つぎのように書き換えており、肝心の「三心」が無視されている。その現代語訳と漢文を紹介してみよう。

もし、私が仏となったとき、十方の衆生が、私の名前を称すること、十声であっても、わが国に生まれることがなければ、私は仏にはならない。（「往生礼讃《おうじょうらいさん》」）

【漢文】若我成仏、十方衆生、称我名号、下至十声、若不生者、不取正覚。

ここには、「三心」だけでなく、五逆罪を犯した者と、仏教を誹謗する者は除外する、という第十八願にある規定も無視されている。

だが、善導は「阿弥陀仏の物語」を構成している別の経典、『観無量寿経』に説かれている、やはり三つの心構えについては、その厳守を強く要請している。その三つの心構えとは、「至誠心《しじょうしん》」「深心《じんしん》」「廻向発願心《えこうほつがんしん》」を指す。善導はこの「三心」について、そのうちの一つでも欠けば、「往生《おうじょう》」（浄土に往《い》って生まれること）はできないとまで力説している。

善導は、第十八願の解釈では「阿弥陀仏の名を称する」ことだけで十分だと示しておきながら、『観無量寿経』の「三心」については、「往生」のためにどれ一つを欠いても不可能だとのべる。これは矛盾ではなかろうか。

法然が「三心」を無視した理由

この矛盾を理解するためには、善導の生きた時代を知らねばならない。善導が活躍した時代は、中国仏教の黄金期であった。しかし、善導を除く、すべての名だたる学僧たちは、「南無阿弥陀仏」と称えることは、極悪人の臨終に有効な、非常手段にすぎないのであり、仏教徒としての正当な修行方法ではないと考えていた。

善導はこうした風潮に対して、念仏こそが仏教の正統な「行」だという主張をくりひろげてゆく。そうなると、第十八願も、阿弥陀仏の名を称する、という「行」を保証する原理として主張されねばならない。というのも、仏教における宗派の違いは、「行」の違いにあったからである。ちなみに、心構えの方は宗派に共通であった。

したがって、善導の場合、第十八願の中心は「乃至十念」となり、「十念」は「十回の念仏」という「行」を示すことになる。そして、念仏のための心構えである「三心」は無視された。

法然もまた、善導以上に、念仏こそが仏教だという新しい旗印を掲げる立場にあったので、第十八願の解釈もまた、善導にならって「行」を中心とする。

だが、法然には、それ以上に「三心」を無視する理由があった。法然は『観無量寿経』に説かれている「三心」を、善導のように特別扱いすることすらやめている。

その道筋は、一つは、『観無量寿経』に説く「三心」は、もともと念仏に限らず、仏教のどのような「行」を実践するときにも必要な、修行者に共通する心構えとして説かれている。法然は、その心構えと、『無量寿経』の第十八願にある「三心」とは、同じだと解釈する。

二つは、第十八願にある「三心」は、法蔵が自らの修行のなかで完成したものであり、しかも、その目的は一切の衆生に与えるためであった、とする。つまり、第十八願にいうところの「三心」は、人間が努力して手に入れる心構えではなく、すでに法蔵が用意してくれている心構えなのであり、人間としては、ひたすら念仏するだけで十分なのだ、と考えるにいたった。

法然は、いう。

阿弥陀仏は法蔵であった昔、きわめて長い時間をかけて、夜となく昼となく、心を砕いてこの「三心」を成就された。その意図は、無知な人間でも、およそ「三心」という言葉も知らない人間であっても、念仏をすれば、自然に、「三心」を具えることができるように、というところにある。(『和語燈録《わごとうろく》』巻第二「七箇条起請文《しちかじょうきしょうもん》」)

くりかえせば、法然は第十八願にある「三心」、一言でいえば、「真実の信心」をもって、という心構えは、人間が実現しなければならない条件とみなすことを放棄したのである。

というのも、法然にとって、およそ「真実の信心」は、仮に人が起こせても、人によって浅深の違いが生じるし、また、その持続はむつかしい。およそ仏教では、「心の師となるとも、心を師とすることなかれ」というほどに、人間の心は移りやすく、頼りないものである。その心によって、いかに「まごころを込める」といっても、仏が要求しているほどの「真実の信心」は生まれようがない。それが、法然の考えであった。

当時、念仏によって往生しようとする人々が、「三心」を念仏に不可欠な心構えとして議論していたとき、法然は、阿弥陀仏の前身である法蔵の修行にまでさかのぼって、「三心」は阿弥陀仏の方で用意したと示すことにより、いわば心構えにばかり気を取られて、肝心の念仏に結縁《けちえん》する機会を失うことがないように、気を配ったといえよう。念仏に一人でも多くの人を導こうとする、法然の慈悲心がなせる解釈であった。

このほか、第十八願に記載されていた、五逆罪を犯した人間や、仏教を否定・中傷・誹謗する人間は救いの対象にはならない、という除外規定についても、法然は、いかなる悪人も阿弥陀仏の誓願を信じて念仏さえすれば、必ず往生できる、という善導の教えにしたがって、この規定を無視した。法然には、阿弥陀仏の慈悲は人間の犯す罪などに左右されるものではない、という確固とした信念があったのである。

法然の道理の強さ

　このように、法然は、「阿弥陀仏の物語」にある第十八願の文から、往生の障りとなるような条件をすべて取り除き、ひたすら念仏さえすればよい、という結論を導き出した。つまり、法然は、浄土に生まれるための「因」も「縁」も、すでに、阿弥陀仏によって用意されているのだから、あとは、あなたがこの教えを信じるかどうか、それだけが問われているのだ、と説いたのである。あるいは、人々からすれば、浄土に生まれるための「因」も「縁」もすでに用意されている、と説明されると、なるほど、と納得して信じるしかなかったのであろう。道理のもつ強さが、はたらいたのである。法然の言葉を、現代語でおおよそ紹介しておく。

　阿弥陀仏は、名号《みょうごう》を浄土に生まれるための直接の原因として、「念仏往生の願」をおたてになった。「第十八の願」がそうである。

　そして、阿弥陀仏は、自らの発する光明がすべてに行き渡ることを誓っておられるが、その光が、浄土に生まれるための間接の縁となっている。その光明は、あまねく、十方世界を照らして漏らすことがない。

鎌倉時代に描かれた「法然上人絵伝」。死期が迫る法然のもとに阿弥陀仏の光明が届いている。（東京国立博物館所蔵）

また、名号という直接の原因については、十方の諸仏が誉め讃えておられて、その称賛の声は、聞こえないということはない。

そのゆえに、光明という縁と、名号という因とが一致すれば、すべてを救いとって捨てることがない、という「摂取不捨《せっしゅふしゃ》」の利益《りやく》を蒙《こうむ》ることに間違いがない。

（「三部経大意」）

「女人往生の願」への注目

法然の苦心の解釈は、第十八願だけではなく、第三十五願の強調にも表れている。第三十五願は、「女人《にょにん》往生の願」とよばれる。その内容は、つぎのとおり。

もし私が仏になったとき、十方世界の無数の不可思議の諸仏世界にいる女性たちが、仏の名号を聞いて、よろこんで仏を信じ、浄土に往生したいと願って、女性の身を厭い嫌う。この人々が命終わり、浄土に生まれて、ふたたび女性の身を受けるようなことがないようにしたい。そうでなければ、私は仏にはなりません。

右の文章は、第十八願の文章にきわめてよく似ている。似ているだけではない。内容的には、第十八願を女性に限って、再説しているといってもよい。

法然は、とくに、この願に注目した。なぜなら、当時は、あまりにも女性が蔑視され、差別されていたからである。法然は、女性が仏教から排除されることをおそれた。当時の仏教界の中心であり、法然自身も長く修行した比叡山延暦寺《ひえいざんえんりやくじ》では、厳格な「女人禁制」を守ってきた。このような差別は、女性が仏となる道を遮る制度であり、それでは、阿弥陀仏の慈悲もなんのために存在しているのか、ということになろう。阿弥陀仏の慈悲は、まず差別に苦しむ人々、とりわけ、女性に注がれてしかるべきではないか。それが法然の思いであった。

こうして法然は、「女人の苦を抜いて、女人に楽を与える」ことこそが、阿弥陀仏の慈悲の心であり、だからこそ法蔵時代に、第三十五願を第十八願とは別に願われたのだ、と解釈したのである。（「無量寿経釈《しゃく》」）

疑問や不安があっても念仏を

このように、阿弥陀仏の誓願をめぐり、法然が苦心の解釈をくりかえしたことを思うと、私たちが阿弥陀仏の誓願を前に、その選択に躊躇することは、恥ずかしくさえ思われる。

私たちは、「阿弥陀仏の物語」がなぜ生まれたのか、それがなぜ私たちに必要なものであるのかに納得して、ただ、阿弥陀仏の名を称すればよいのである。もちろん、阿弥陀仏の誓願を信じて念仏するようになっても、誓願や念仏の効果に対する疑いは、頭をもたげ、怠ける心は、念仏の持続を妨げもする。

この点に関しても、法然はまた、私たちを安心させる数々の解釈や工夫をこらしている。その一つは、念仏するときには、「ただ念仏せよ」と教えている点だ。「ただ」とは、私たちの日ごろの考えにとらわれずに、という意味である。阿弥陀仏やその誓願、念仏という行為に関して、さまざまな疑問や不安が生じても、それはそれとして構うことなく、「ただ念仏せよ」というのである。

このアドバイスの意味するところは深い。阿弥陀仏の誓願を信じて念仏するようになっても、人間には、なお種々の疑問や不安が生じるものなのである。

教えが「一人も漏らさず」という完璧な教えであっても、それと向き合う人間の側には、その教えを信じきることができない、という不完全さが残り続ける。だが、法然は、その不完全さのすべてを認めた上で、なお、そのような人間のために「本願」が存在し、「念仏」という「行」がある、と教える。法然は、いわば不完全な人間と「本願念仏」の教えとの葛藤におおらかなのであった。これから紹介する『歎異抄』にも、そうした葛藤がさまざまに紹介されている。その葛藤こそが、現在の私たちには魅力なのであり、またそれらを通じて、「本願念仏」への道も開けるのである。

第四章

『歎異抄』とはどんな書物なのか？

親鸞亡きあとの弟子たちの混乱

『歎異抄《たんにしょう》』は、今から七百年以上前に成立した。作者は、唯円《ゆいえん》といわれている。一二八八年ころに亡くなった、という。『歎異抄』の「歎異」は、「異なるを歎く」という意味だが、なにを、どのように歎くのか。

法然《ほうねん》によって発見された「本願念仏《ほんがんねんぶつ》」は、急速に、京都はもとより全国に広がり、今まで仏教と縁《えん》のなかった民衆に熱く支持された。その広がりように危機感をもった既成教団が、朝廷に「本願念仏」停止を求めて提訴するにいたる。そして、一二〇七年、「本願念仏」は禁止され、法然は土佐へ流罪となった。法然七十五歳のときである。この事件によって、法然の弟子四人が死刑となり、弟子、親鸞《しんらん》も越後に流罪となった（202ページ参照）。そのとき、親鸞は三十五歳であった。その後、流罪を解かれた親鸞は、京都に戻ることなく、常陸に赴き、そこで「本願念仏」の布教に取り組む。そのときの弟子が唯円であった。

一二六二年、親鸞が亡くなると、関東の門弟たちの間で、「本願念仏」の教えをめぐり、法然、親鸞の教えとは異なる解釈が広がり、門弟たちの間に、動揺や不安が生まれてきた。その様子に危機感を覚えた唯円が、あらためて親鸞の教えに照らして、門弟たちの「本願念仏」の理解の仕方を批判し、本来の教えが伝えられることを願って著したのが『歎異抄』なのである。したがって、「歎異」とは、「本願念仏」の本来の教えと異なる理解（「異義《いぎ》」という）を歎く、という意味なのである。

　多くの場合、正統と非正統の争いには、血の匂いがしがちであり、われこそは正義だという力《りき》みがあって、不愉快なものである。だが、『歎異抄』には、「異義」がたんに批判されるだけではなく、仲間が真実の教えから離れてゆくことへの深い悲しみがあり、真実の教えの伝承のためにはなにが不可欠なのか、それが全身全霊を込めて説かれる。文字どおり、「歎く」のである。

『歎異抄』では、念仏の教えを実践しながら、実際は教えから遠くなってゆく様子が、道理を尽くして説明される。それでも、その道理に頷いてもらえないときは、「力及ばず」ということで、つぎにまた「縁」ができるのを期待して終わる。

　そこには、「本願念仏」の教えの前提である、互いに「凡夫《ぼんぷ》」（34ページ参照）だという人間の見方が染み渡っているといえよう。

　ところで、『歎異抄』は、その後久しく、一般には読むことができない状態になる。詳しいことはふれないが、この書のなかにある教団批判の要素や、「過激」に見える叙述などを気にした本願寺教団の蓮如《れんによ》が禁書にした。再発見は明治になってからで、東本願寺《ひがしほんがんじ》（真宗大谷派）の僧侶であり、宗教哲学者であった清沢満之《きよざわまんし》の功績による。

『歎異抄』の「序文」

「異を歎く」という唯円の気持ちは、『歎異抄』の「序文」によく表れている。その要旨を現代語訳でおよそ紹介し、さらに原文を紹介しておこう。本書を読み終えられてから、この部分をお読みになれば、一段と共感が深まる一節となろう。

私の拙い思案をめぐらして、故親鸞聖人《しようにん》の時代と今の世をつきあわせて考えますに、今は、聖人からじかにお聞きした真実の信心と異なることがあり、教えを受け継いでゆくなかで生まれる疑問のことを思うと、歎かざるをえないのです。私は、たまたますぐれた指導者に出遇《であ》えたからこそ、本願念仏に帰依することができたのです。自分の一人合点だけを頼りにしていると、本願念仏の教えを思い誤ることが起こるのです。そこで、故親鸞聖人からうかがいましたお話のなかでも、私の耳底にとどまっているお話を、ここに記してみました。ひとえに、心を同じくする念仏者の疑問を晴らすことができれば、という思いからです。

【原文】ひそかに愚案《ぐあん》をめぐらして、ほゞ古今を勘《かんが》ふるに、先師の口伝の真信に異なることを歎き、後学相続の疑惑あることを思ふ。幸に有縁《うえん》の知識に依らずば、いかでか易行《いぎょう》の一門に入ることを得んや。全く自見《じけん》の覚悟を以て、他力《たりき》の宗旨《しゅうし》を乱ることなかれ。よつて、故親鸞聖人の御《おん》物語のおもむき、耳の底に留《とど》まる所いささかこれをしるす。ひとへに同心行者の不審を散ぜんがためなりと。云々。

この「序文」のなかで、とくに大事な点は、二つある。一つは、先輩や指導者（「有縁の知識」）の存在であり、二つは自己流の考え（「自見の覚悟」）によって教えを判断することの危うさ、である。

はじめの、先輩や指導者が私たちの求道の上で不可欠だという指摘は、なにを意味しているのだろうか。それは「阿弥陀仏の本願」という教えが、私たちの常識を超えており、先輩方の指南を受けないと、身につかないことを示している。ここに、どうしても先輩、指導者の話を聞くことが必要になる。

仏教では、「非常の言葉は常人の耳に入らず」とも教えている。「非常の言葉」は、常識ではない言葉、つまり、常識では理解がむつかしい言葉のことである。なぜ、「非常の言葉」がむつかしいのか。それは真理、真実を伝えているからだ。そして、そうした常識を超えた言葉の理解があってはじめて、人生の意味が分かり、苦しみも乗り越えられる。

こうした先輩や指導者との対話が『歎異抄』には綴られるのであるが、注意を要するのは、先輩や指導者に対する過度の尊重は、ややもすれば、彼らに対する崇拝を生み、さらには、カリスマあつかいする危険性をふくんでいることである。それを避けるのに必要なことは、求道者一人一人が先輩や指導者に一対一で、納得のゆくまで疑問を晴らすことである。また、私たちも、よい指導者と怪しげな指導者を見分けねばならない。そのポイントもまた、私たちの疑問に対する答えられ方にある。

要は、それぞれの疑いを大切にして、それが解けるまで、ときに執拗なまでに先輩、指導者に問うていくこと、それが『歎異抄』が教える道なのである。

だからこそ、二つ目の「一人合点」に気をつけよ、という忠告が生まれる。自分の考えが正しいという「思い込み」だけでは、「非常の言葉」の理解は自己流に終わる。自分が理解できる範囲から、いつまでたっても抜け出ることができない。「非常の言葉」の理解も、自己流の理解の範囲に終わってしまう。

唯円は、間違った理解者に対して、自分の立場が正しいというのではなく、あくまでも親鸞から聞いた言葉を、自分がいかに了解しているかを相手に告げて、相手の判断を待つ。これもまた、『歎異抄』を貫く基本姿勢であり、法然や親鸞ら、本願念仏者の基本的なスタンスなのである。そのよってきたる点は、さきにふれた「凡夫」の自覚にある。

「本願念仏」をめぐるすれ違い

親鸞が流罪を解かれたのは一二一一年であったが、その三年後、親鸞は妻子を伴って常陸へ向かった。そこでおよそ二十年間、「本願念仏」の布教に努めた。その間に生まれた弟子たちは、親鸞の手紙に名を残している者だけでも三十九人になる。これらの弟子たちには、それぞれ、二、三百人以上の門人がいたと思われるから、親鸞の影響下にあった念仏者たちは万を超えていたのであろう。そして、親鸞は、一二三五年ころに京都へ戻った。『歎異抄』の第二条は、こうした関東の門弟たちの有志が、京都に戻った親鸞をわざわざ訪ねてくる話である。今日のように、簡単に旅行ができる時代ではなかった。文字どおり、命がけで訪ねてくる。その目的は、念仏以外にもっと大切な教えがあるにもかかわらず、親鸞は隠して教えてくれなかったのではないか、という疑いからであった。

どうして、そのような疑いが生まれたのか。一言でいうと、念仏が簡単すぎるからである。「ただ一向に念仏すれば、浄土《じょうど》に生まれて仏になる」、ただそれだけなのである。彼らからすれば、仏教の「行《ぎょう》」という以上は、もっと奥が深く、難行であってはじめて価値がある、と思い込んでいた。称名《しょうみょう》という、こんな簡単な「行」によって、人が救われるはずがないではないか。実際、「南無阿弥陀仏」と何回称《とな》えてみても、心が特別に落ち着くということもない、今までとなんら変わらないではないか。称え方にも秘密があるのではないか、等々。

命がけで親鸞を訪ねてきた門弟たちは、それぞれに「念仏だけで本当に大丈夫なのですか」と、親鸞を質問ぜめにしたのであろう。それに対する親鸞の答えは、およそつぎのようであった。

　私、親鸞におきましては、ひたすら念仏して阿弥陀仏に助けられてゆくのがよい、という、私にとって「よき人」である法然上人《しょうにん》の教えを信じるだけのことです。

加えて、つぎのように吐露する。

　念仏が果たして極楽に生まれる原因になるのか、また、地獄に堕ちる行為となるのか、私はまったく存じません。仮に、法然上人に騙されて地獄に堕ちたとしても、後悔はしません。なぜなら、念仏以外の行が実行できるのに、念仏しかしなかったから地獄に堕ちた、ということなら、後悔も起こるでしょう。しかし、私は、念仏以外のいかなる修行にも堪えることができない人間なのです。到底、地獄は免れることはできない人間なのです。

　阿弥陀仏の本願が真実ならば、それを説かれた釈尊が嘘を説かれるはずがありません。その釈尊の教えにしたがわれた、中国の善導大師の解釈が嘘であるはずがありません、その善導大師にひとえに依られた法然上人が嘘を言われることがあるでしょうか。法然上人の教えが真実ならば、私の言うこともまた、偽りということにはならないでしょう。

　私の信心とは、このようなものです。この上は、皆さま方が念仏の教えを信じようと、また、反対に捨ててしまわれようと、それは、お一人お一人のお考え次第です。

親鸞は、門弟たちの質問に直接答えず、自分の信心の内容を吐露した。なぜ、門弟たちの質問に一つ一つ答えなかったのか。それは、「非常の言葉」の理解は、常識のレベルでは進まないからだ。「非常の言葉」は、「非常の言葉」として説く。そこに反論や疑問が生まれてきてはじめて、常識の壁が破れ、「非常の言葉」が了解できる。それゆえに親鸞は、門弟たちの疑問のレベルにあわせて応じるのではなく、じかに、わが信心を吐露する、という方法をもって応じたのであろう。

さらにいえば、親鸞は冒頭で、念仏が極楽に導く「行」なのか、地獄に堕ちる「行」なのか、知らない、と断言している。これも不思議な言葉といえる。念仏をする以上は、極楽に生まれることを期待してのことに決まっているではないか。にもかかわらず、親鸞はそうした期待を打ち消す。なぜか。それは、多くの場合、念仏はなにかの手段と考えられがちだからである。極楽へ生まれたいという欲のために、念仏する。あるいは、地獄に堕ちるのが嫌だから念仏する。つまりは、受験の際に神仏に合格を祈る、という心境と同じなのだ。念仏が、人間の願望を満たす手段となる。こうした、手段視された念仏を全否定するために、親鸞は、念仏しても極楽に生まれるのか、地獄に堕ちるのか知らない、と言ってのけたのであろう。

「本願念仏」は、阿弥陀仏が工夫した「行」である。人間としては、「ただ」、「ひたすら」称名するだけで十分なのである。念仏は仏道そのものであり、なにかの手段ではないことを、親鸞は伝えようとしたのであろう。

ここに同席していたと考えられる唯円は、親鸞の意図を十分に汲んで、親鸞の口にする「非常の言葉」を懸命に記憶したのであろう。

「本願念仏」の特質

ここで、念仏とはなにかをめぐって、法然の時代にすでに、いくつもの疑問が広がっていたことを紹介しておこう。なぜなら、『歎異抄』における疑問は、『歎異抄』に限られる問題ではなく、「本願念仏」が「非常の言葉」である限り、必然的に生まれてくる性質をもっているからである。つまり、現代の私たちもまた、もつ疑問なのである。

ただその前に、「本願念仏」の特質をはっきりさせておく必要がある。実は『歎異抄』においても、念仏の本質を正面から説明している箇所がない。不思議なことだが、それは当時の念仏者にとっては、当たり前すぎていたせいで、文字化する必要がなかった、ということかもしれない。

しかし、現代の私たちにとっては、このことをはっきりさせておく必要がある。それは一言でいえば、阿弥陀仏は「南無阿弥陀仏」になっている、ということなのである。阿弥陀仏は、念仏を工夫して人間に与えたのであり、その「南無阿弥陀仏」を称えれば、いかなる人間でも、必ず阿弥陀仏の国に迎える、と約束しているのである。したがって、人間は、阿弥陀仏が要請しているとおり、その名を称えればよいだけなのである。それが、法然の教えた「本願念仏」のすべてなのである。

これから本書を読み進めてもらう上でも、念仏について疑問が生じた際には、たえずこの「本願念仏」の本質を思い出してほしい。

さて、「本願念仏」をめぐって、法然上人と弟子との間に、どのような問答がかわされたのか。


弟子が問う。念仏するとき、心が散乱して念仏に集中できないときは、どうすればよろしいでしょうか。

法然上人の答え。人間世界に生を受けた者の心は、いつも散乱しがちなものなのです。それは、私もどうしようもないことです。ただ、心は散乱するけれども、口に名《みょう》号《ごう》を称えれば、阿弥陀仏の本願の力によって、浄土に生まれることは間違いがないのです。（「明遍僧都との問答」）

法然の答えを得た弟子は、喜んで退出した。そのあとで、法然上人は、つぎのように嘆息されたという。人の心は、散り動くもの。それは、たとえば、人に目鼻があるようなものなのだ。散る心を捨てないと、浄土に生まれることができないということは、目鼻を取れというに等しい。心が散り動くがままに、念仏する者が浄土に生まれることができるからこそ、「本願念仏」の教えは素晴らしいのだが、と。

法然に質問した人は、仏教の「行」は、どこまでも難行であり、「行」を実践するときも、心は鏡の表面のように澄みきっていないと、「行」の効果は生まれない、と信じていたのであろう。こうした「思い込み」は、この弟子に限ったことではない。今でも、宗教の「行」といえば、普通の人間には、とても実践できないむつかしいものだ、と考えられがちである。

というのも、長い間、日本列島では今日にいたるまで、神々に奉仕するためには、身の穢《けが》れをはらい、身を清めて神に仕えねばならない、という申し合わせが生きている。こうした考え方が、法然の「本願念仏」を受け入れるときにも、はたらいていたのであろう。そして、現在もなお、はたらいているのである。人は、常の状態から、神を迎えるにふさわしい心身に生まれ変わらなければ神とは交流できない、という考え方である。

だが、「本願念仏」は、阿弥陀仏が人間に与えた「行」であり、人間はただ教えられるとおりに、名号を称えればよいだけなのである。そこには、なんの工夫も条件もない。つまり、それが「他力」の意味である。阿弥陀仏の本願の力、それが「他力」なのであり、「他力」の仏教では、阿弥陀仏の要請どおりに、人間は称名だけすればよい。念仏の意味が分からなくなるのは、念仏が阿弥陀仏の工夫になるものであり、人間は阿弥陀仏から与えられた「行」を実践するだけで十分なのだ、ということを忘れるからであろう。

問題は、念仏があまりに簡単だから、もっとなにかをつけ加えなければならないのではないか、あるいは、称名する際の条件を、色々工夫しなければならないのではないか、と自縄自縛《じじょうじばく》に陥ってしまうところにある。

宗教と道徳の違い

「本願念仏」の理解をむつかしくするのは、ほかにもある。一つは、信仰といえども学問が要るという「思い込み」であり、二つは、宗教と道徳の違いが判然とせず、宗教をたえず道徳として理解しようとすることである。

この問題は、法然門下でもしばしば起きている。たとえば、法然の弟子であった津戸三郎為守《つのとのさぶろうためもり》という武士は、自分たちは愚か者だから、法然上人は簡単な念仏しか教えなかったのであろうと、ほかの武士たちから非難されたことがある。それに対する法然の手紙が残っている。およそ、つぎのような内容である。

お手紙、詳しく拝見しました。熊谷入道《くまがいのにゅうどう》、津戸三郎は、無智な者だからこそ、念仏を勧められたのであり、智慧《ちえ》のある人には、必ずしも念仏だけに限っているわけではあるまい、と噂になっているとか。それはひどい間違いです。

そのわけは、念仏という行は、智慧があろうがなかろうが関係ありません。阿弥陀仏が法蔵菩薩《ほうぞうぼさつ》のときに誓われた本願は、あまねく一切の衆生《しゅじょう》を救うためです。愚かな者には念仏を願い、智慧ある者にはほかのむつかしい行《ぎょう》を願われたということはありません。十方《じっぽう》世界の衆生のために、智慧の有無を問わず、罪の有る無しにかかわらず、善人・悪人の違いにもよらず、戒律を守っていようが破っていようが、身分が高いとか低いとかにかかわりなく、男女の違いにもかかわらず、仏が存命の世でも仏が亡くなってしまわれた世であっても、すべての人が本願の対象なのです。

大方、阿弥陀仏には縁が浅い人は、教えを聞いても信ぜず、念仏をする人を見ては、妨げをなそうともします。どうしても本願の教えを信じようとしない人は、仏でも力が及ばないのです。ましてや、凡夫の私どもが彼らを説得できるでしょうか。このような不信の人々のために、早く浄土に生まれて仏となり、悟りを開いてこの世に戻り、そうした人々を救おうとお思いになるのがよろしいかと存じます。――源空《げんくう》

この手紙を書き写して残したのは、親鸞である。親鸞はこの手紙を書き写したあとに、つぎのような内容のメモを残している。

つのとの三郎というのは、武蔵の国の住人である。大胡、渋谷、津戸の三人は、聖人（法然）の根本の弟子である。津戸は生年八十一で自害して、めでたく往生《おうじょう》を遂げ

たという。故聖人と同じ年になったから自害したのであろうか。ひょっとして、故聖人の亡くなられた正月二十五日であったかもしれない。調べてみるがよい。

このメモの日付は一二五六年十一月八日となっている。親鸞はこれから六年後の、一二六二年に死去。『歎異抄』は、その三十年ほどのちに成立したといわれている。

善人と悪人を区別しない

「本願念仏」の教えが誤解されやすい第二の理由は、宗教と道徳の区別がはっきりしないことにある。『歎異抄』第三条には、「善人なをもて往生をとぐ。いはんや悪人をや」という有名な一文がある。これは、法然の言葉であるが、その意味はつぎのとおり。

善人でさえ往生を果たすのだから、ましてや、悪人が往生を果たすことはいうまでもない。

しかし、常識からいえば、右の法然の言葉は理解がむつかしい。むしろ、悪人が往生できるのだから、善人が往生できて当たり前だ、という方が分かりやすいのではないか。常識、つまり、道徳の立場では、善人が悪人よりもすぐれているのはいうまでもないこと。その立場からいえば、悪い人間が救われるような教えならば、善人は問題なく救われている、ということになる。

だが、「本願念仏」の立場では、善人と悪人の区別を問わないだけではなく、悪人として世間から排除されるような人間に、かえって救いが差しのべられる。阿弥陀仏の本願は、すべての人間を救うことを誓っているのだが、とりわけ、煩悩《ぼんのう》の深い、悪業《あくごう》に苦しめられる人間を大切にする。これが、道徳と宗教の違いなのである。道徳は人間同士の約束であるが、本願は、人間の価値観を超越した救済原理なのである（詳しくは第六章でのべる）。

いずれにしても、『歎異抄』第二条に見られる、「本願念仏」に対する常識からの疑問、あるいは道徳からする不信、こうしたものが、折にふれて『歎異抄』の随所にすがたを見せ、「本願念仏」という救済原理と鋭い対立、食い違いを生むのである。それが、「はじめに」でも指摘しておいたが、『歎異抄』を読む者、とくに「無宗教」を標榜する立場からは、魅力の一つとなるのではないか。

第五章

煩悩の身のままで救われる

念仏しても喜びが生まれない

『歎異抄《たんにしょう》』の第九条では、唯円《ゆいえん》が親鸞《しんらん》につぎのように質問する。

私は、念仏をしても、躍り上がるような喜びの心は、なかなか生まれてきません。また、急いで憧れの浄土《じょうど》へ行きたいという気持ちもないのです。いったい、これはどうしたことなのでしょうか。

すると、親鸞はおよそ、つぎのように答える。

私も、同じような疑いをもって、今にいたっています。あなたも同じだったのですね。よくよく考えてみると、阿弥陀仏に救われるということは、経典に説かれているとおり、天にも躍り上がり、地を飛び跳ねるような喜びに包まれるはずの出来事なのですが、それが生じない。しかし、そのことこそ、かえって往生《おうじょう》が定まっている証拠だと思います。

理由を申しましょう。喜ぶべき心を抑えているのは、「煩悩《ぼんのう》」の仕業《しわざ》なのです。阿

鎌倉時代に描かれた親鸞像。熊の毛皮の上に座っているところから「熊皮御影」とよばれる。（奈良国立博物館所蔵）

弥陀仏は、このような、「煩悩」のとりこになっている人間のことをよくご存じであり、救済の対象を「煩悩」に縛られた「凡夫《ぼんぷ》」に絞っておられるのです。

念仏をするようになっても、素直に、教えのとおりに喜びの心に包まれることがない私たちのために、阿弥陀仏の悲願はあるのです。そうと分かれば、阿弥陀仏の本願がいよいよ頼もしく思われるではありませんか。

親鸞は、さらに言葉を重ねる。

浄土へ急いで行きたいという心が生まれず、ちょっと病気をしただけでも死ぬのではないか、と心細く感じられるのも、「煩悩」のせいなのです。

「煩悩」とは「エゴイズム」

こうなると、「煩悩」とはなにかをはっきりさせる必要があろう。「煩悩」とは、普通は「欲望」といわれることが多いが、「欲望」がなければ人は生きてゆけないから、もう少し厳密に考えた方がよいと思う。そのヒントは、日常で使う「子煩悩」という言葉にある。「子煩悩」は、普通以上に子供をかわいがる親のことをいうが、そこには、親自身の自己愛が子供に投影されていることが多い。子供からすれば、迷惑な干渉とも受けとられる一面があるのだ。

つまり、「煩悩」とは、今日風にいえば、「エゴイズム」（自己中心）が近いだろう。なにごとにつけても自己の都合が優先され、自己満足が求められる状況、といってもよい。人が生きてゆく上で不可欠の諸々の欲望が、自分の都合に合わせてときに過度になる、という状態、それが「煩悩」の内容なのではないか。

あるいは、自分の考え方、価値判断を重んじて、ほかの考え方を受け入れられない状態をいう場合もあろう。いずれにせよ、絶えず「自己」（エゴ）の都合を意識し、自己を拡

茨城県水戸市河和田町には、唯円が開いた報佛寺が残り、この寺のもととなった念仏道場の跡地には「唯圓坊之碑」が建てられている。（水戸市教育委員会撮影）

大させたいという要求が「煩悩」の内容なのである。その意味では、死は一番恐ろしいことになる。大切な「自己」（エゴ）が消えてなくなるのであるから。

また、唯円の「本願念仏《ほんがんねんぶつ》」への疑問も、浄土といった考え方や、そのための方法である念仏という「行《ぎょう》」については、関心があっても、日常の考え方をすべてなげうって、そうした考えや、「行」に打ち込むほどにはなれない。日常の暮らしの方が大切なのである。

親鸞が教えるのは、そのような日常の暮らし方、常識を否定して「本願念仏」の暮らしがあるのではなく、「煩悩」の身のままで、日常の暮らしはそのままで、仏になる道があるということなのである。もう少し、第九条を読んでみよう。

私たちは、はるかな昔から、輪廻《りんね》の世界を経巡ってきました。地獄・餓鬼・畜生・阿修羅《あしゅら》はもとより、人・天の世界は、すでに経験してきた世界ですから、故郷のような親しみを感じますが、一度として生まれたことのない浄土は、およそ恋しいとも思わないのです。まことに、私どもを支配している「煩悩」は、激しくも盛んなのです。ただ、この世を名残惜しいと思っても、縁《えん》が尽きて、仕方なく生涯を終わるときに、はじめて、浄土へ参ることになるのです。急いで浄土へ行きたい、というような心のない者を、阿弥陀仏はとくに憐れんでくださるのです。それを思えば、阿弥陀仏の慈《じ》悲《ひ》と誓願《せいがん》は頼もしく、私どもの往生は、決まっているのです。

天にも躍り上がり、地にも跳び上がる喜びがあり、急いで浄土へ行きたい、ということでは、かえって「煩悩」がないのではないか、と不審に思われるのではないでしょうか。

大切なことは、「本願念仏」は、「煩悩」の克服を目的にしていない、という点にある。

エゴの要求には、浅深の違いはあろう。だが、エゴの要求なしに生きることはありえない。となれば、エゴのありようはそのまま認めて、しかも仏になる道を求めるしかない。

その道こそが、「本願念仏」なのである。喜びの心がわき上がろうがわき上がるまいが、あるいは、浄土に生まれたいと願おうが願うまいが、ただ称名《しょうみょう》するのみなのである。

その称名のみ、という教えが身に染みてありがたく感じられるのは、自分のエゴの深さに気づいたときであろう。それまでは、人間はなんでも努力さえすればできる、という「思い込み」に支配されている。だが、人はなにもできないことの方が多い、ということが分かると、阿弥陀仏の本願という「大きな物語」の力が、なくてはならないものとなってくる。


「蓮台にのらんまでは……」


第九条のはじめに記されている唯円の念仏や浄土に対する疑いについて、親鸞は、そうした心が生じていることこそが、本願によって救われてゆくことを示しているのだ、だから安心して念仏をすればよい、と逆説的とも感じられる説明をしている。

一方、『歎異抄』と時代を近くして成立した『一言芳談抄《いちごんほうだんしょう》』に、つぎのような法然《ほうねん》の言葉が記されている。私は、最近、以下に紹介する法然の言葉と、『歎異抄』第九条とをしばしば比較することがある。親鸞の逆説的な説明と、法然の日常の言葉遣いを大事にする説明と、二つながらあることが「本願念仏」の強みではないか、と考えはじめている。

『一言芳談抄』のなかの話とは、つぎのとおり。現代語訳でまず紹介しよう。

法然上人《しょうにん》は普段、つぎのようにおっしゃっていた。「ああ、今度こそ往生をしたいものだなあ」、と。この言葉を聞いていた乗願房《じょうがんぼう》が、法然上人に尋ねました。「法然上人でも往生については、このように、確信のないお気持ちになられるのですか。そうであるのなら、私たちが往生について不安げなのも、当たり前なのですね」。そのとき、法然上人はちょっとお笑いになって、つぎのようにいわれたのです。「浄土の蓮の台に乗るまでは、こうした不安げな気持ちがなくなるということはないのですよ」、と。

原文を参考のためにあげておこう。

法然上人つねの御詞《おんことば》に云《いわ》く、「哀《あわれ》、今度しおほせばやな」と。其時乗願房《じょうがんぼう》申さく、「上人だにもか様に不定《ふじょう》げなる仰《おおせ》の候はんには、まして其余《そのよ》の人はいかゞ候ふべき」と。其時《そのとき》上人うちわらひて、の給はく、「蓮台《れんだい》にのらんまでは、いかでか此《この》思ひはたえ候ふべき」云々。

この一節について、十七世紀に、ある学僧がおよそつぎのような内容の注をつけている。「決定往生の道理」（阿弥陀仏がその名を称する者を必ず浄土に迎えるという約束）に対しては疑いがないのだが、そうはいっても、必ず浄土に生まれるという確信は、実際に浄土に生まれるまでは簡単には得られるものではなく、疑問や不安が続くのであり、文字どおり浄土のシンボルである蓮を見るまでは、いぶかしさが残り続けるものなのだ、と。

法然の嘆息は、「決定往生の道理」に対する疑いからなのではない。「凡夫」の身としては、浄土に生まれるという経験がないから、死後の往生をめぐって、疑いや不安が生じるのはどうしようもない、ということなのである。

法然のこの感慨が大切なのは、阿弥陀仏の本願がもつ道理に納得する気持ちがある反面、実際に浄土に生まれるのかどうかについて、不安に思う気持ちもあるという、一見矛盾した気持ちが、二つながら肯定されている、という点なのである。

つまり、念仏者だから、浄土に生まれるという確信がみなぎるはずだというのは、「思い込み」なのである。実際は、本願の意味に納得する気持ちと、本当に浄土に生まれることができるのかどうか、という不安な気持ちが、二つながら同時に存在するのが「凡夫」なのである。

私たちは、ややもすれば、本願を信ずるようになれば、わが身が浄土に生まれることについてなんの疑いも生じなくなる、と思いがちだ。だが、くりかえすが、それはどうやら、「思い込み」にすぎないのではないだろうか。私たちは、信心・信仰・宗教については、勝手な「思い込み」をもちすぎているように思われるが、いかがであろうか。

確信と不安に揺れ動く

もう一度、『歎異抄』第九条の、親鸞の答え方を振り返ろう。親鸞の説明の面白いところは、浄土に生まれることについて、疑いや不安があればあるほど、浄土往生が決まっている証拠だと、逆説めいている点であろう。つまり、疑いや不安は煩悩のはたらきなのであり、煩悩の強い私たちのためにこそ、阿弥陀仏の本願があるのだ、だから安心してよい、というのである。

親鸞の答え方を、法然の言葉に照らすと、そもそも念仏の暮らし自体が、喜びと同時に不安や疑問の二極を揺れ動くものなのだ、ということがよく分かる。親鸞も、『教行信証《きょうぎょうしんしょう》』という主著のなかで、自分は、浄土に生まれて必ず仏になることが決まっている人の仲間に入ることを喜ばず、本当の悟りに近づくことを楽しまない、と慚愧《ざんぎ》の気持ちを記している。

このように、道理に対する確信と、未経験なことに対する不安という、二極を揺れ動くのは、私たちが「凡夫」、つまり、煩悩に縛られた存在であるからにほかならない。「凡夫」は自分の考えが正しいと信じこんでいるから、自分の考えだけでは容易に受け入れられない「阿弥陀仏の物語」は、ややもすれば、おとぎ話になってゆくのである。

それをふせぐのは、自分には「阿弥陀仏の物語」のほかに、本当にこの人生を乗りきってゆく手がかりがあるのだろうか、と自己吟味するしかない。とりわけ、今の自分のあり方をそのまま認めた上で、この未完成な自分が真実にして完全な存在になる、そのような道がほかにあるのか、と尋ねてみることである。

この点、法然が、往生についての確信は「蓮の台」に乗るまでは生まれない、と教えていることには、大変共感できるのではないか。しかも、「少しお笑いになって」（「上人うちわらひて」）というのがうれしい。法然の説いた「本願念仏」が「凡夫」のための仏教であることを、端的に示した語録だといえよう。

第六章

私たちも「悪人」なのか？

『歎異抄』でいう「悪人」の意味

私たちの多くは、自分が悪人だとは思っていない。いつも、悪いのは「あの人」なのである。名指しされた人も、自分が悪人だとはまったく思っていない。彼、あるいは彼女も、悪いのは「あの人」で、自分は悪くない。悪くないどころか、善人だと信じきっている。

このように、私たちの常識からすれば、宗教といえども、善人がまずもって救われるのであり、彼らの善行が報いられるのは、当然だと考えている。悪人が救われるのは、あくまでも例外にすぎない。悪人については、きびしい。場合によれば、地獄に堕ちるべき存在だとすら考えられている。このことは、中世であろうが現代であろうが変わらない。

だが、『歎異抄《たんにしょう》』第三条によれば、親鸞《しんらん》が法然《ほうねん》から聞いたことは、その逆である。善人が阿弥陀仏の誓いによって、浄土《じょうど》に生まれることができるのならば、ましてや、悪人が浄土へ生まれないはずはない。悪人こそは、まっさきに浄土に生まれることができるのだ、と。

法然は、なぜこのような逆説に見えることを説いたのか。それは、人間が煩悩《ぼんのう》を具えた存在であり、仏教の教えるどのような修行をしても、「悟り」という智慧《ちえ》を手にすることができないからである。そして、このような人間のために発せられたのが、阿弥陀仏の誓《せい》願《がん》だと考える。

つまり、ここでいわれている「悪人」は、道徳上の悪人とか、罪を犯した悪人という意味ではなく、どうしても「仏」という、仏教上の理想的存在になることができない人間のことなのである。となれば、私たちもまた悪人だ、といわざるをえないのではないか。だからこそ、悪人をして「成仏《じょうぶつ》」させる阿弥陀仏の誓願が、他人《ひと》ごとに終わらないのである。

「石・瓦・つぶて」のごとき「われら」

第三条では、「悪人」という言葉が出てくる。なぜ、「悪人」なのか。その理由は、どこにあるのか。その答えの一つは、現実に法然の門を訪れて「本願念仏《ほんがんねんぶつ》」の信者になった人々が、多くの場合、世間的にも「悪人」とよばれる人々であった、という事実にある。

たとえば、武士。彼らは職業であったとはいえ、殺人を犯している。当時は、地獄が信じられていた時代であったから、武士たちは、仏教の「五戒《ごかい》」の最初にあげられている「不殺生戒《ふせっしょうかい》」に背く、わが身の死後を真剣に怖れていた。

こうした「不殺生戒」を犯さざるをえなかった人々に対して、法然は、浄土に生まれるためには、現世での罪の軽重は問わず、ただ本願を信じるか信じないかだけが問われるのだ、と教えている。

同じように、猟師や漁師も、生き物の命を奪って暮らしている人々であった。彼らもまた、地獄行きを怖れていた。あるいは、当時は商人もまた、「悪人」と考えられていた。品物を動かすだけで、利益を得ていたからである。また、法然の伝記に登場する「室津の遊女」のエピソードで知られているように、遊女たちも「不邪淫戒《ふじゃいんかい》」に背く人々として、「悪人」の部類に属していた。このほかにも、当時の支配体制から排除され、差別を受ける人々もまた、「悪人」とよばれている。

このように、法然の教えに随喜《ずいき》した人々は、当時の世間で「悪人」よばわりされる人々であったという事実が、この第三条の背景にある。世に「悪人」と名指しされる人々こそが、阿弥陀仏の誓願のありがたさを身にしみて了解したのである。

もちろん、「本願念仏」における「悪人」は、あくまでも自己認識の言葉である。私が私を「悪人」、あるいは、「凡夫《ぼんぷ》」だと自覚することに意味がある。ただ、その自覚は、身分や経済的安定を保障されている人々にはむつかしいことが多い。親鸞が「石・瓦《かわら》・つぶて」のごとき「われら」とよんだように、社会の底辺に生きる人々が自らを「悪人」と深く自覚したのは、まぎれもない事実なのであった。

「悪人」のための「他力」

中世では仏教が浸透しており、出家者はもちろん民衆も、戒律などで禁じられている悪《あく》業《ごう》や、修めるべき善行については敏感であったといえる。それだけに、わが身を振り返るとき、悪業の身だという思いは、比較的容易に得られたと考えられる。その感覚は、近代以後希薄になる一方であり、現代にいたると、「煩悩」や「凡夫」、「悪人」という言葉は、もはや死語になりつつある。では、この第三条は現代の私たちには、ついに無縁となる一節なのであろうか。

参考までにつけ加えておくと、第三条では、阿弥陀仏の本願の対象が誰であるかについて、「自力《じりき》」、「他力《たりき》」という言葉を使って説明もしている。世の「善人」たちは、自らの力を信じるので、阿弥陀仏の誓願という「他力」を信じないし、また必要ともしない。「他力」を借りなくとも、自らの努力・精進によって善行を成し遂げることができると信じており、その蓄積と引きかえに、必要ならば来世の成仏を勝ちとることもできる、と考えている。だから、世にいう「善人」には、阿弥陀仏の本願は関係がない。

もちろん、その「善人」でも、自分の力への信頼が失われて、自己を「凡夫」だと認識するようになれば、阿弥陀仏の誓願を信じることができる。「凡夫」は、自らの力で仏になることができないから、仏になろうとすれば、阿弥陀仏の誓願という「他力」を頼りとするしか道はない。ここでも、「悪人成仏」が阿弥陀仏の誓願の目的だということになる。

エゴが深く傷ついたときに求めるもの

今日では、「煩悩」や「凡夫」という言葉は、忘れられつつあるといってよいだろう。だが、別の視点に立つと、「煩悩」の本質を構成する「自己中心性」はかえって、どの時代よりも、はっきりとした輪郭を示してきているように思う。

かつて、夏目漱石は、近代になってから、エゴ中心の風潮が強くなってきたことに危惧を示して、「昔の人は己を忘れろ、と教えたものだが、今は我を張ることばかりで、神経衰弱に陥るしかない」という趣旨の発言をしている。その危惧は、全面的に的中した。

今日では、「我を張る」ことが主体的な生き方であるかのように、錯覚されがちである。いつの時代よりも、互いに「我」を張り、弱肉強食が蔓延するようになった。それを後押ししているのが、近代以後の資本主義経済であることはいうまでもない。その経済システムのなかでは、自我を主張できる以前に、一片の労働力として押しつぶされてゆく、無数のエゴの残骸があるにもかかわらず。

こうしたことを承知の上であえていえば、近代以後は、自己の欲望を、手段を問わず追求するのが人生だ、という風潮が強まったのであり、その自分に失敗や過ちが生じても、それはすべて他人のせいで、ちょっと不運だったにすぎない、としか考えない。そこでは、自己中心であることによって生じている、摩擦や軋轢《あつれき》、悲劇を正面から認めることは滅多にない。このような人間が、自らを「悪人」だと意識するには、よほどの条件が整わねばならないだろう。

その条件の一つは、飽くことのない自己中心の生き方が挫折するときであろう。そのときはじめて、自分の欲望追求のために、どれほどの人々の願いが無視され、踏みにじられてきたか、に気づかざるをえない。すると、今まで経験したことがない、懺悔や後悔の思いが堰を切ったようにあふれてくる。自分はなんのために生きてきたのか、とあらためて自問する。

それほどたいそうでなくても、ちょっとした他人の発言や行動によって、自尊心は傷つき、怒りが生まれ、激しい動揺を経験することが少なくない。自分に自信があればあるほど、私を軽んじる言動はゆるし難いのだ。ときには、回復不可能な精神の病に陥ることさえある。こうした機会に、私たちは、強いはずのエゴも、ことのほか脆弱であることに気づかざるをえない。エゴがむき出しであればあるほど、エゴが受ける傷も大きく深い。このとき、私たちには、危うい自己を支える「よりどころ」を求める気持ちが生まれる。

本章の最後に、第三条の現代語訳と原文を読んでおこう。

法然上人《しょうにん》は、「善人でさえも往生《おうじょう》を果たすのです、ましてや、悪人が往生を果たすことはいうまでもありません」とおっしゃいました。

しかしながら、世間では、「悪人が往生するのだから、ましてや善人が往生するのは当たり前のことではないか」というのです。このことは、一応は理屈が通っているように見えますが、阿弥陀仏の本願の趣旨に背くことにほかなりません。

そのわけは、自らの努力によって善を積み行う人は、阿弥陀仏の本願をたのむことがなく、したがって、阿弥陀仏の本願の対象になる人ではないからです。

しかし、このような人々も、自らの努力によって仏になることが不可能だと自覚して、ひとえに阿弥陀仏の本願をたのむようになると、往生を果たすことができるのです。

煩悩に縛られた私たちは、どのような修行を実践しても、迷いの世界から離れて、自由になることができないのですが、その私たちを憐れんで、阿弥陀仏は誓願を起こされたのです。

つまり、阿弥陀仏の根本の願いは、私ども悪人を成仏させる点にあるのですから、他力をたのむ悪人こそが、正真正銘、浄土に生まれて必ず仏となる種の持ち主なのです。

それゆえに、法然上人は「善人でさえ往生するのです。ましてや悪人が往生することはいうまでもありません」とおっしゃったのです。

【原文】一　善人なをもて往生をとぐ、いはんや悪人をや。しかるを世のひとつねにいはく、悪人なを往生す、いかにいはんや善人をやと。この条、一旦そのいはれあるににたれども、本願他力の意趣《いしゅ》にそむけり。そのゆへは、自力作善《さぜん》のひとは、ひとへに他力をたのむこゝろかけたるあひだ、弥陀の本願にあらず。しかれども、自力のこゝろをひるがへして、他力をたのみたてまつれば、真実報土の往生をとぐるなり。煩悩具足のわれらは、いづれの行《ぎょう》にても生死《しょうじ》をはなるゝことあるべからざるをあはれみたまひて、願をこしたまふ本意、悪人成仏のためなれば、他力をたのみたてまつる悪人、もとも往生の正因《しょういん》なり。よて善人だにこそ往生すれ、まして悪人はと、おほせさふらひき。

【用語解説】**善人**：自分で仏になるために仏の教えにしたがって功徳を積むことができる人のこと。悪人は、自分で功徳が積めないばかりか、仏の教えに背く人。／**他力**：阿弥陀仏の本願の力のこと。／**自力作善**：成仏のために自分の力によって功徳を積むこと。阿弥陀仏の本願の力のこと。／**真実報土**：真の浄土。168ページでのべる「辺地《へんじ》」（浄土の中心を外れた辺鄙な場所）、「化土《けど》」（仮の浄土）に対する言葉。／**生死**：生まれて死ぬことをくりかえすこと。仏教では、人生百年で終わりとは考えない。「愚かさ」ゆえに、六道《ろくどう》を輪廻《りんね》し続けるのである。迷いの世界のこと。／**往生の正因**：浄土に生まれるべき原因、種。悪人の自覚ゆえに本願のいわれを信じ、念仏するようになる。その念仏とともに阿弥陀仏の心が私のなかに伝わり、その阿弥陀仏の心を「まことのこころ」とよび、それが「往生の正因」となる、ということ。「悪人」が「正因」になるということではない。

第七章

「私」の正体

「私」は「私」のすべてを知らない

『歎異抄《たんにしよう》』でいう「善人」、「悪人」は道徳的な意味ではない。くりかえせば、『歎異抄』がいうところの「悪人」は、仏教の理想である「仏」と対比して使われる言葉であり、どのように修行を重ねても「仏」、「悟り」に到達できない人間のことである。となれば、「無宗教」を標榜する私たちの多くは、『歎異抄』的にいえば「悪人」というしかない。

では、私たちは、仮に仏教の教えるむつかしい修行をしたとしても、どうしても、この世で仏になることができないのは、なぜなのか。それは、仏教流にいえば、愚かだからである。仏教がいう「愚か」とは、物事が生まれて消えてゆき、また新しい物事が生まれるという、いわば生々流転《せいせいるてん》をもたらす、原因と結果の流れの全体を知る智慧《ちえ》がない、ということである。では、どうしてそのような智慧が手にできずに、愚かであり続けているのか。それは、私自身が私の正体のすべてを、知ることができないからなのである。

私が自分の正体が分からないとは、どういうことか。私はなにごとにつけても、自分で物事を決めている、と思い込んでいるが、実際は、流れに任せていることが多いのではないか。自分のことは自分で判断できるというのは、「思い込み」なのであり、その「思い込み」にとらわれて生きている、それが私たちの実際のすがたなのではないか。

くりかえしていえば、常識の世界では、人の言説や環境に左右されない「自己」をしっかりもつことは、尊いこととされている。しかし、その「自己」が巨大な「因《いん》・縁《えん》・果《か》」の流れのなかの一つの泡にすぎないと意識されないために、確固とした「自己」の確立は、しばしば、他人には迷惑となっている。また、自分自身においても、ときに、自分でも思いもしない行為に走ることがあって困惑する。その原因は、私たちが私たちを成り立たせている「因・縁・果」のすべてを知らないからであろう。自分が了解できる範囲内での自分、それが日常的な「私」のすがたなのである。

つまり、「私」は、日常的な意識を超えた、無意識の世界にかかわる、見えない「私」の影響下にある。それは、時間軸からいえば、この世に生を受けて死ぬまで、およそ百年間だけが「私」をつくっているのではなく、「私」には、生まれる以前があり、死後もある、ということになる。こういえば、神秘的で眉唾、と思われるかもしれないが、「私」という存在は、日常の意識以上に不可解な部分をふくむことは、誰しも了解できるのではないか。

私たちは、人が生まれたとき、誰それに似ていると確かめ合い、年齢の節目にも、自分は誰それに似てきたという。あるいは、自分がどうしてこんなに植物が好きなのか、あるいは、動物が好きなのか、と不思議に思い、ひょっとして前世は植物であったのではないか、あるいは、動物であったのではないか、と想像をたくましくすることもあろう。それは子供じみた、空想の世界のように思うが、人は、日常の時間軸・空間軸を超えた視点に立つことで、今を生きる意味を発見することが少なくないのである。

「宿業」という考え方

『歎異抄』で用いられている、時間軸・空間軸の拡大を示す言葉が「宿業《しゆくごう》」であり、「業《ごう》縁《えん》」だといえる。

「宿業」の「宿」とは「昔の」という意味であり、「業」は「行為」をさす。注意を要するのは、昔といっても、たんなる昔や過去ではなく、私のなかに宿り続けている過去で、ちょっとやそっとの過去なのではない。「あいつは宿敵だ」という言い方があるが、私とはきわめて関係の深い、前世からの敵という意味である。「宿願《しゆくがん》」という言葉もあり、「普通ではない、並々ならぬ願い」をさす。したがって、「宿業」は、「記憶も定かでない、はるかな昔からの行為の蓄積が今の私だ」、という思いを示す。今の自分には、自分では気づかないような過去の行為の結果を引きずっている部分がある、ということになろうか。

私の行為のすべてが、私の自由意志によって決定されているのではないのだ。

「業縁」の「縁」という言葉も、日本人が好んでよく使う言葉の一つといえよう。結婚式のときの来客のスピーチには、「縁あって今日の二人が結ばれた」という趣旨の発言が必ず出てくる。ことがうまく行くかどうかといった状況になると、「縁次第だ」と観念する。「縁」は、「因」が直接的原因を示すとしたら、「因」にはたらきかける間接的原因ということになる（46ページ参照）。直接的原因である「因」が比較的追求しやすいのに比べると、間接的原因である「縁」の究明はきわめてむつかしい。そういう点では、「因果」の関係が「必然」であることに比べると、「縁」のはたらきは、「偶然」ということもできよう。

こういうと、「宿業」や「業縁」は、「運命論」や「責任回避」の考え方のように受けとられるかもしれない。だが、「宿業」や「業縁」は、あくまでも自分のあり方についての感慨であって、いわば意識の世界だけでは処理しきれない、深い無意識の世界を背負っている自己のあり方に気づいたときに、使われる言葉なのである。

そして、このような感慨をもってはじめて、「大きな物語」、ここでは阿弥陀仏の本願という「他力《たりき》」の必要性が見えてくる。「宿業」や「業縁」は、そういう意味では、「他力」と出遇《であ》うための作業仮説的な言葉だ、といってもよいだろう。私たちは、「宿業」や「業縁」という言葉を使うことによって、新しい世界が手にできる、ということが大事なのである。

この「宿業」や「業縁」の考えを全面的に展開しているのが、第十三条である。第十三条は、第三条と微妙な対応関係にある。人が「善人」、あるいは「悪人」であることは、本人の選択の結果であるかに見えるが、実は本人にも定かに意識できない、はるかな過去の行為の影響の結果なのである。そうなると、自分たちの判断で善悪を決めていること自体が、空論に終わりかねない。そういう、未知な領域を背負って生きる人間の不安に対して、確実な生きる道筋を与えようとするのが第十三条といえよう。現代語訳で紹介する。

＊印は行を空けて読みやすくするために入れたもので、原文にはない。

「阿弥陀仏の本願があるからといって、悪事を恐れないというのは、視点を変えると、「本願誇り」といって、とても往生《おうじょう》はできないのだ」と主張する人々がいますが、この主張は、かえって本願を疑うものであり、善・悪がともに「宿業」によって決まるということを心得ていない主張です。善心が生まれるのも、また悪事が思われ、行われるのも、ともに「宿業」がはたらくためなのです。

親鸞聖人《しんらんしょうにん》はつねに、「兎の毛、羊の毛のさきにある塵ほどの微細な罪も、宿業でないものはない、と知らなくてはならない」と仰せでした。

＊

また、あるとき、「唯円《ゆいえん》よ、あなたは私のいうことを信じるか」と親鸞聖人がお尋ねになったので、私は「たしかに」とお答えしましたところ、聖人はかさねて、「ではこれから私がいうことも間違いなくそのとおりにするだろうね」とおっしゃるので、「謹んで承知しました」と申し上げました。

するど、聖人は、「たとえばのことだが、人を千人殺してもらいたい、そうすればあなたの往生は定まることになるのだが」とおっしゃいました。

私、唯円は、「聖人の仰せではありますが、わが身の器量を思いますに、一人の人間でさえ殺すこともできません」と答えました。すると、聖人は、「ではどうしてさきほどは、「私の言うことに背かない」と言ったのですか」とおっしゃいました。

「唯円よ、これで分かるであろう。なにごとも自分の意志で決めることができる、というのであれば、大事な往生のために千人を殺せ、というのだから、すぐさま殺人に取り掛かることもできるはずだ。しかし、あなたはできないという。それはあなたには、一人の人さえも殺す「業縁」がないからなのです。自分の心がよくて人を殺さないのではありません。反対に、人を害しないでおこうと決めていても、「業縁」がはたらけば、百人でも千人でも殺すことになるのです」とおっしゃったのは、私たちが、ややもすれば、救済はあくまでも阿弥陀仏の本願の力による、ということを忘れて、自分たちの心がよければ往生のためになり、悪いことは往生のためにならない、と思いがちであることを指摘されるためだったのです。

＊

親鸞聖人がまだ存命のころ、つぎのような誤った理解をした人がありました。「阿弥陀仏の誓いは、悪をなした人間を助けるためのものなのだから」と言って、わざと好んで悪事をなし、往生を確実にしようとしたのです。当然のことですが、この人の振る舞いをめぐって、さまざまな悪評がたつことになり、聖人の耳にも届くようになりました。

そこで、聖人は手紙をお書きになり、「阿弥陀仏の誓願《せいがん》という薬があるからといって、煩悩《ぼんのう》という毒を好むべきではない」とお諭しになり、誤った理解への執着をやめさせようとされました。

私どもがつくる悪が往生の障害になる、ということではまったくないのです。「戒律を保つことによって、悪を封じ善行を実践することが本願を信じる条件となるならば、私たち凡夫《ぼんぷ》は、どうして迷いの世界を離れることなどできるであろうか」と、聖人も仰せでした。

戒律を守ることなど思いもよらない、煩悩に縛られた浅ましい私ですが、阿弥陀仏の本願に出遇うことによって、はじめて、まことに誇らしい気持ちも自然と湧き出てきます。だからといって、わが身にそなわっていない悪業は、決してつくられはしないのです。

同じように、「海川に網を引き、釣りをして世を渡ってゆく者も、野山に鹿や猪といった獣を狩り、鳥を捕って、日々の糧とする者も、商売によって暮らす者も、田や畑をつくって世を渡る者も、暮らしはさまざまですが、どの暮らしが往生に都合がよいというようなことはありません。阿弥陀仏の本願の不思議によって助けられる、という点では、変わるところはないのです」と、聖人は教えられました。

＊

「しかるべき業縁がはたらくと、思いもかけない振る舞いをするのが人というものです」と、聖人が仰せになっていましたのに、現在は、往生をいかにも願う殊勝なふりをして、「善人だけが念仏をするべきだ」と主張したり、あるいは、念仏者が集う道場の入り口に、「これこれのことをした者は道場へ入るべからず」と、禁制の張り文をする始末です。

これは、法然上人《ほうねんしょうにん》や親鸞聖人がきびしく批判された、うわべだけを飾り、内心の虚しさに気づかぬ悲しい行為ではありませんか。本願に甘えてつくる罪も、宿業がはたらいて生まれたものなのです。

ですから、よいことも悪いことも、業の結果に任せて、ひとえに、阿弥陀仏の本願をたのむことが他力ということでありましょう。親鸞聖人が一番頼りとされた、法然上人のお弟子である聖覚法印《せいかくほういん》の書かれた『唯信抄《ゆいしんしょう》』にも、「罪業の深い身だから救われるのはむつかしい、と思われる人は、阿弥陀仏の力がいかほどに広大なものであるかを知っておっしゃっていることなのでしょうか」、と記されています。

阿弥陀仏の本願に甘えて、本願を誇る心があるからこそ、他力をたのむ信心も、確実に定まるのではありませんか。

＊

およそ、悪業や煩悩を断じ尽くしてから、本願を信じるというのでは、本願を誇りと思う心も必要のないこと。煩悩を断じてしまえば、もはや仏になっているのですから。法蔵菩薩《ほうぞうぼさつ》の五劫《ごこう》という、気の遠くなるような、長期にわたる思惟《しゆい》によって生まれた誓願も、無意味なことではありませんか。

「本願に甘えている」とお咎めになられる方々も、お見受けしたところ、煩悩や身の穢《けが》れから自由になってはいないようです。そのような発言も、本願に対して甘え、誇る気持ちがあってこそのことではありませんか。どのような悪業が本願に甘えた悪業であり、どのような悪業が本願に甘えない悪業なのでしょうか。「本願誇りだ」といって非難なさる方々は、かえって、幼稚な心の持ち主だということになるのではありませんか。

「私」は「私」を救うことができない

右の、長い第十三条の文章のなかで、読む人を驚かせるのは、親鸞が唯円に発した要求であろう。「唯円よ、私の言うことには反対しませんね」と念を押して、唯円から「はい。言われたとおりにいたします」という旨の答えを引きだした上で、「千人殺せばあなたの往生は確実になるから、直ちに千人殺しなさい」と、親鸞が命じる。唯円は、「いかに師の要求といえども、そればかりはできない」、と答える。すると、「あなたは今私の要求どおりにする、と答えたではないか」、と唯円をたしなめた上で、「なにごとも自分の意志で決めることができるならば、すぐさま千人を殺す行為に乗り出せたはずである。にもかかわらず、それができないということは、人間には、自分の意志を超えた、「宿業」とよぶのがふさわしい領域があり、それが、人のあり方を左右している、ということなのだ」、と教える。

つまり、親鸞は、唯円に人のあり方をめぐる、厳然たる事実を教えたのである。いわく、人のあり方は、その人の「宿業」のなせるところであり、人の自由意志がその人のあり方を決めているわけではない、と。

「人を千人殺してもらいたい」という、ショッキングな要求をめぐって、信心の問答を繰り広げる形式は、当時の仏教界の総本山、比叡山延暦寺《ひえいざんえんりやくじ》でも行われていた。この問答で大事なことは、私たちの行為は、自分の自由意志によって決められているのではなく、自由意志をはるかに超えた、「因・縁・果」の網が自分の行為を決めている、という事実の認識にある。そのことに目を開かなくては、本願によって救われてゆく、ということの理解は、むつかしい。

私たちは、どうしても、自分の心が善いから善いことをするのだ、あの人が悪いことをするのは、あの人の心が悪いからだ、と思ってしまいがちである。しかし、善悪ともに、「宿業」がそうさせるのである。これは、道徳の立場からすれば、言い逃れもいいところではないか、自己責任を全うしていないのではないか、悪事を他人に転嫁しているのではないか、ということになろう。善悪は自分で引き受けて、善を実践し、悪をしないようにするのが人間ではないか、と普通は思う。

くりかえすが、こういう人に対して、親鸞は、善も悪も「宿業」のはたらくところであり、「宿業」には、「宿善」と「宿悪」があり、過去の「宿善」がはたらいて善をなし、過去の「宿悪」がはたらいて悪事をはたらく、それが事実なのだ、と教える。

「無宗教」に生きる者には、日常の意識の範囲内が自分であり、無意識を意識することは例外的だといってよいだろう。そういう心の持ち主には、「宿業」という言葉は、かえって新鮮に映るかもしれない。自分のなかに、自分も知らない自分がいる！　『歎異抄』が「宿業」という言葉を使って教えようとしているのは、そういう、自分でも分からない自分をふくむ、その全体が「私」だということなのである。

ではどうして、そのような輪郭のあいまいな「私」を重視するのか。それは、そのような「私」の救済は、自分の力では不可能だからである。それは、「私」をはるかに超えた「大きな物語」によるしかない。「大きな物語」、阿弥陀仏の本願の力に出遇うためのステップが、「宿業」という言葉の役割なのである。

「他力」に出遇う

「宿業」という考え方は、なんのために説かれたのか。それは、くりかえせば、「本願念仏《ほんがんねんぶつ》」に出遇うためである。「宿業」という、自分でも自分の正体がよく分からない、いわば深い闇を背負って生きる者が、生きることに十分な意味を見いだすためには、自分を超えた「他力」に依るしかない。そして、ひとたび「他力」と出遇うことができた人間には、「宿業」に縛られているかに見える「私」であっても、その束縛から解放された自由さを楽しむことができる。第十三条では、その自由さを「業報《ごうほう》にさしまかせて」生きる、と表現している。

「業報」とは、「宿業」のもたらす「報い」という意味だが、阿弥陀仏の本願に出遇い、称名《しょうみょう》の暮らしがはじまると、こうした「宿業」のもたらす、どのような「報い」に対しても、いちいち驚くことはなく、また、たじろぐことなく、それはそれとして受け入れて生きてゆくことができる。そのことを、「業報にさしまかせて」、と表現しているのである。「業報にさしまかせて」生きることは、決して、自暴自棄やあきらめ主義を認めることではない。なぜなら、それは「称名」の実践という「行《ぎょう》」に支えられている生き方なのであり、阿弥陀仏の本願を最終の「よりどころ」としているから、「宿業」のどのような発動に対しても、いまさらのように動揺することがないからなのである。

もちろん、称名の暮らしを実践しているからといっても、善悪の報いが消滅するわけではない。依然として、「宿業」の報いは、さまざまにはたらくであろう。だが、もはや驚くことも嘆くこともない。文字どおり、余裕のある暮らしとなる。それが、念仏者に自在な主体性を与える。この主体性を握って生きるところに、念仏者の喜びがあるのであろう。「宿業」は、くりかえすが、「他力」と出遇うための作業仮説である。「宿業」の自覚にとどまれば、一種の運命論者になってしまうだけのことであり、人生は暗い。「宿業」は、「他力」、つまり、阿弥陀仏の本願と出遇って、はじめて、自由な主体へと飛躍するのである。

第八章

『歎異抄』が教える「本願念仏」とは？

「本願念仏」がもつはたらき

世間に広まっている念仏のイメージは、一つは死者の供養であり、二つは罪や穢《けが》れを除く呪文、三つは現世利益をもたらす呪文、といったところであろうか。これらに比べると、「本願念仏《ほんがんねんぶつ》」は、まったく異なるはたらきをもつ。『歎異抄《たんにしょう》』では、そのはたらきが記されているが、主なものをつぎに見てみよう。

1　死者の供養のために念仏せず

「自然宗教」と「創唱宗教」

親鸞《しんらん》は『歎異抄』のなかで、自分は亡き父母の供養のために一度も念仏したことはない、とのべている（第五条）。この言葉に、驚く、あるいは違和感を覚える人は結構多いのではないか。というのも、日本社会で耳にする念仏は、ほとんどが死者の鎮魂慰霊の場においてだからである。

そもそも、仏教が日本に伝わった段階から、すでに念仏は、死者の鎮魂慰霊と結びついていたといわれる。では、なぜ仏教は伝来のはじめから、死者祭祀と結びついてきたのか。宗教学では、宗教のあり方を論じる際に、宗教を「自然宗教」と「創唱《そうしょう》宗教」に分けることがある。

「創唱宗教」では、教祖がいて、その教えが聖典などで明確であり、その教えを広めるためのプロの宗教家がいて、その信奉者たちの信者組織があり、全体として教団を形成している。「創唱宗教」の「創」は「はじめる」という意味であり、「創唱」とは、その教祖が新たに教えを説いたということ。普通、私たちが「宗教」という言葉でイメージするのは、「創唱宗教」の方であろう。

それに対して、「自然宗教」は、いつ、誰がいい出したかも不明だが、多くの人たちの日常生活のなかで、年中行事化している。「創唱宗教」のように、むつかしい教義などもない。ここでいう「自然」とは、「自然に成立した」という意味であり、「大自然」という意味ではない。「自然宗教」は、研究者の間では、ときに「民間信仰」とよばれることもある。季節や生活の節目において、あるいは、祭りの形で伝承されていることも多く、地域ごとにまとまりのあることも少なくない。

ただ、日本人はこうした「自然宗教」を宗教だとはいわない。日本人が宗教というときは、圧倒的に「創唱宗教」なのである。

日本の「自然宗教」では、肉体よりもタマシイが尊重されるから、タマシイの祭祀が中心となる。死は肉体からタマシイが分離することを意味するが、死後はまだ穢れている。その穢れを取り除き、タマシイが順調に清まり、最終的に「ご先祖」になることができるように、鎮魂慰霊の行事が用意されている。

日本の仏教が死者の鎮魂慰霊と深くかかわっているのは、伝統的な「自然宗教」の、タマシイの浄化の要求に利用されてきたからなのである。仏教という「創唱宗教」の荘重な儀礼が、「自然宗教」の鎮魂慰霊に大いに役立つ、と考えられたのであろう。日本の「自然宗教」が、仏教という「創唱宗教」に転換したのではない。日本に入ってきた仏教は、一部を例外として、大半は「自然宗教」のタマシイの祭祀に奉仕した。それは、今もって変わらない。

このように、実質は「自然宗教」であった日本仏教の歴史に、大きな衝撃を与える出来事が生じる。それが日本の中世に誕生した、法然《ほうねん》による「本願念仏」の教えである。「本願念仏」の誕生によって、はじめて、日本人は「創唱宗教」とはなにか、を知ったといえる。

「自然宗教」から見ると、「本願念仏」にはどのような特色があるのか。それは、自分の意志で阿弥陀仏の本願という救済思想を選択し、その教えにしたがって、念仏という「行《ぎょう》」を、それぞれの個人が実践する、ということにある。それに比べると、「自然宗教」では、個人が教えを選択するということはない。慣習にしたがって、等しく行事に参加し、等しく日常生活に戻る。

「創唱宗教」としての「本願念仏」は、当時の日本社会に大きな変化をもたらしたが、政治的弾圧もあり、村々の基盤となっている「自然宗教」の強さもあって、時間とともに本来の意義が忘れられてゆく。浄土宗《じょうどしゅう》や浄土真宗《じょうどしんしゅう》という教団は残されたが、その内容は「自然宗教」に奉仕する傾向が強い。それゆえに、『歎異抄』の主張は今もって新鮮でさえある。

では、第五条を現代語訳で読んでみよう。

私、親鸞は父母の追善供養《ついぜんくよう》のためと思って、一度でも、念仏を申したことはありません。そのわけは、一切の人々はすべて、輪廻《りんね》の世界を流転する間に、父となり母となり、兄弟姉妹となってきたのであり、どなたであっても、つぎに浄土《じょうど》に生まれて仏となったときに、救うことができるからです。

念仏が自分の努力によって励む善行であるのならば、その念仏を振り向けて、父母をも助けることができるでありましょう。しかし、本願念仏はそのような念仏ではありません。

自力《じりき》を捨てて、浄土に生まれて仏になってしまえば、輪廻の世界にあって、どのような苦しみに沈んでいる人々であっても、相手にふさわしい手だてによって、仏の不思議な力を行使し、まっさきに仏縁《ぶつえん》のある人々を、成仏《じょうぶつ》させることができるのです。

生あるものはすべて父母兄弟姉妹

「親鸞は父母の追善供養のためと思って、一度でも、念仏を申したことはありません」という言葉は、鮮烈でさえある。それほどに、一般に知られている念仏は、死者の追善供養の道具と化して久しい。またそれだけに、どうして、親鸞のような念仏論が生まれてくるのか、という疑問も生じることになろう。

くりかえせば、第五条で強調されているのは、「本願念仏」が死者ではなく、この私自身が仏になるための、かけがえのない手段だという点にある。

この条の意図は、親鸞が亡き人々への供養を否定したというよりは、「本願念仏」が死者の供養に用いられるのは、「本願念仏」の趣旨に外れる、ということをはっきりさせる点にある。

その上で、「本願念仏」の立場から、亡き人を救うための方策があるとすれば、自らが浄土に生まれて仏になることだ、と強調する。仏になれば、有縁、無縁にかかわらず、すべての人々を浄土に招くことができるのだから。

その根拠が、「一切の人々はすべて、輪廻の世界を流転する間に、父となり母となり、兄弟姉妹となってきた」、という理解にある。原文でいえば、「一切の有情《うじょう》はみなもて世々《せせ》生々《しょうじょう》の父母《ぶ も》兄弟《きょうだい》（姉妹）なり」ということである。

「輪廻」とは、古代インド人が生み出した考え方だが、日本人の間にも深い影響を及ぼしてきた。私がこうして人間として生存しているのも、前世で人間に生まれるにふさわしい「業《ごう》」を、積み重ねてきた結果なのであり、私の死後は、人間である間に、私がどのような行為を積み重ねてきたか、によって決まるという。それは、「地獄」なのか、「畜生」なのか、また「人間」に生まれるのか、「天人《てんにん》」になるのか……。

こうした「六道輪廻《ろくどうりんね》」は、一瞥《いちべつ》すると、おどろおどろしい考え方に見える。だが、この人生をどのように納得するのか、どのように意味づけるのか、という点からいえば、一つの答えを提供することになるのではないか。つまり、人の生命を、今生の一度限りと見るのか、いくつもの世界を転生する一齣《ひとこま》と考えるか、それによって私たちの現実の人生の意味がどれだけ豊かになるか、ということである。

もちろん、現代では、人生は一度限り、という考え方が普通になっている。だからこそ、仕事の鬼となり、互いに愛し合い、現世で燃焼し尽くして生きようとする。だが、愛に挫折し、人生に失敗した人間はどうすればよいのか。このままでは、絶望しかないではないか。

たしかに、生物的には、私たちの人生は一度限りだが、「意味」の世界では、現世だけでなく、過去世や未来世を想定することで、人生が納得しやすくなる。自分の人生をどれだけの空間的・時間的広がりのなかで納得するかは、人によって違うし、同じ人でも状況によって異なる。この点、「一切の有情はみなもて世々生々の父母兄弟（姉妹）なり」という言葉には、どこか頷ける響きがあるように思われる。いかがであろうか。

法然も、そうした人生の納得の仕方が、普遍的であることを示す語録を残している。

私たちは、このたびはじめて、人間世界に生を受けたのではないだろう。今までの世々生々を経るなかで、仏の教化にも、少しは出遇《であ》ったこともあるのであろう。ただ、こちらが不信であったがゆえに、その教化にも漏れてきたのである。すべての諸仏、菩薩も、思えばみなこれ昔の友だったのではないか。釈迦もはるかな過去において、また、阿弥陀仏も仏になられる以前において、かたじけなくも、互いに父母師弟ともなりあってきたのではないか。（「念仏大意《ねんぶつたいい》」）

生きとし生けるものはすべて、父母兄弟姉妹であったことがあるからこそ、自分が仏になったときには、縁があろうがあるまいが、すべての人を浄土へ導くことができるのである。ここには、「自然宗教」が教える、自分と特定の関係にある死者（先祖）への鎮魂慰霊の念仏よりも、はるかな広がりと、さらに希望があふれているように思われる。

念仏は阿弥陀仏のはたらき

第五条のなかで、親鸞は、自分の信じている「本願念仏」が死者の鎮魂慰霊の念仏ではないという理由を、正面からはっきりとはのべていない。それは、ほかの条々でのべられているることなのだが、念のために確認しておこう。

阿弥陀仏が「南無阿弥陀仏」という「名」になったのは、人が「南無阿弥陀仏」と称《とな》えるならば、最終的に、その人を浄土に導いて仏とするためなのである。そこには、死者の供養はまったく眼中にない。

親鸞の主張は、この「本願念仏」の趣旨に則っているだけのことなのだが、世間の常識が、念仏といえば死者の鎮魂慰霊だと決めているから、強い主張のような印象を与えるのであろう。

ところで、親鸞が「本願念仏」は、死者の供養とは関係がないとのべる、もう一つの理由がある。さきの現代語訳でいえば、「念仏が自分の努力によって励む善行であるのならば、その念仏を振り向けて父母をも助けることができるでありましょう」の一文に関係する。

文中に「振り向ける」という言葉があるが、原文でいうと「廻向《えこう》」である。「廻向」は、一般には、法事などで僧侶を招いて読経をしてもらい、その功徳を死者の冥福のために振り向けるときに使われる。僧侶に差し出す布施に、「御廻向料」と印刷された金封もある。

読経をはじめ宗教的善行を、死者の成仏のために用いるのが「廻向」だが、「本願念仏」では、凡夫《ぼんぶ》には宗教的善行を行う力がないという立場から、称名《しょうみょう》はあくまでも阿弥陀仏の要請に基づくという立場をとる。実際は、称名はまぎれもなく私の行為なのだが、「南無阿弥陀仏」は、阿弥陀仏が工夫して人間に与えたもの。人は、ただ「名」（「名号《みょうごう》」）を称えるだけなのである。

このように、称名が阿弥陀仏の要請に基づく行為であり、私の意志によって、その内容が決まるという行為ではないから、称名をもって死者の成仏に役立てることはできない。つまり、死者の成仏のためには、私の称名は無力なのである。

親鸞は、他者のために「廻向」できる力が自分にはそなわっていない、と強く自覚した。親鸞によれば、凡夫には、自らの力で仏になる可能性はない。凡夫が仏になるとしたら、阿弥陀仏の本願力という「他力《たりき》」に頼るしかない。しかも、「他力」の教えに基づく称名は、生きている間に私を仏にすることはできなくて、私が仏になるのは死後、阿弥陀仏の浄土に生まれてからになる。つまり、本願に基づく念仏は、まず私たちを浄土に導く。その浄土において「仏」になり、一切衆生を救済するはたらきに向かう。浄土経由で仏になり、自由自在に慈悲《じひ》が実践できる、それが「本願念仏」なのである。凡夫は、ひたすら、自由自在な慈悲の実践を目標に、念仏の道を歩むのである。

2　滅罪のために念仏せず

熊谷次郎直実の罪の意識

法然の弟子に熊谷次郎直実《くまがいじろうなおざね》という武士がいた。彼はあるとき、突然頭を丸めて出家した。出家してから法然の噂を聞き、自分のような悪人がどうすれば救われるのかを尋ねるために、京都の法然の居所まで出向いた。

熊谷は、法然の弟子に来意を告げ、しばし待っていた。その間に、熊谷はなにを思ったのか、腰の刀を抜き、砥石でごしごしと研ぎだしたのである。

周囲の弟子たちは驚き、いったい、お前はなにをするつもりなのか、と問いただした。するど、熊谷はいう、「自分のごとき、幾人も人を殺してきた人間が救われるとしたら、その教えはきっと自分にこういうだろう。「お前はたくさんの人を殺してきた悪人だ。そのお前が救われるためには、場合によれば、お前の手や足の一本くらいは斬れ、あるいは、切腹せよ。そうすれば罪も軽くなるだろう」と」。そして、熊谷は言葉を続けた。「だから、こうして刀を研いで待っているのだ」。

弟子たちは、大変驚き、法然との面会を急いだ。面会するやいなや、熊谷は、「自分のごとき悪人が救われるためには、どうすればよいのか」と詰め寄った。それに対して法然は、「あなたは、念仏さえすればよいのです。あなたの罪の軽重は一切問いません」、と答えた。

それを聞いた熊谷は、オイオイと泣き出した。今度は、法然の方が驚く。「直実よ、どうしてそんなに泣くのか」、と尋ねると、熊谷は、およそつぎのように答えた。「私のような悪人は、わが命を贖《あがな》ってはじめて救われるのだ、だから命を投げ捨てよ、といわれるはずであった。だが、ただ念仏するだけでよい、お前が罪人であろうがなかろうが問題ではない、とおっしゃられた。これが、うれしくて泣かずにおれましょうか」、と。

自分が犯してきた罪悪を贖うためには、自分の肉体を棄損しなければならない、という熊谷の発言は、当時の日本社会では、特別のことではなかった。古くは記紀神話に、スサノオにその暴力の罪を贖わせるために、毛髪を抜き、手足の爪を抜きとった、とあるように、罪の贖いのためには、当事者の肉体に苦痛を与え、肉体の一部を棄損することが普通なのであった。

そうした流れが背景にあってか、民衆の間にも、死ねば「三途《さんず》の川」を渡らねばならない、という言い伝えが広まっていた。生きている間に犯した罪を滅し、罪の穢れをはらわなければ、あの世にも行けない、という内容であった。そのために、「三途の川」のほとりには「奪衣婆《だつえば》」がいて、死者の衣服をはぎ、「三途の川」で禊《みそぎ》をさせる。また、死者には六文銭をもたせて、「三途の川」の渡し賃にする、という風習も生まれた。いずれにしても、身に帯びた罪障の穢れを取り除くことが、死後のタマシイの最初の仕事なのであった。

罪悪を背負ったままでも救われる

中世のように、生産力の低い時代では、天災や飢饉、疫病のなかで生き残ることは、他者の犠牲において可能なことであり、生き残った人々は、多かれ少なかれ、罪の意識をもって生きざるをえなかった。加えて、生活は素朴で、直接、自らが生き物の命を奪って暮らしてゆくのが、日常であったから、ますます罪の意識は深くなっていた。したがって、滅罪への要求もまた、強くなっていったのは当然といえる。

『歎異抄』第十四条には、そうした滅罪の要求に応じる念仏が、取り上げられている。この条の冒頭に記されている、一回の念仏によって、「八十億劫の重罪を滅すことができる」という主張は、その典型であろう。

だが、犯した罪を贖うとは殊勝に聞こえるが、私たちの存在が「宿業《しゅくごう》」に縛られている限り、つぎの瞬間にも、どのような罪悪が襲ってくるか分からない。にもかかわらず、わが身に生じた罪を一つずつ、念仏によって消し去ることができるというのは、あたかも、私が背負っている罪悪のすべてが、明らかに分かっているような主張であり、およそ「宿業」が理解されているとは思えない。

唯円《ゆいえん》が親鸞から聞いてきた「本願念仏」は、そのような滅罪のための念仏ではない。「本願念仏」の教えでは、念仏する者はすべて、例外なく、無条件に阿弥陀仏によって救われる。さきに見たように、「本願念仏」は一切の「罪の軽重」を問わない。「宿業」の身のままで、称名という仏道を歩み、浄土に生まれて「仏」になるのである。「宿業」の身のままで、阿弥陀仏に「摂取《せっしゅ》」される。この道理が曖昧になると、「本願念仏」といえども、容易に「滅罪の念仏」に転落して、「異義《いぎ》」（65ページ参照）となる。

3　攘災招福のために念仏せず

神仏への祈願はエゴの一種

受験のシーズンになると、受験する本人はもちろん、その両親、とりわけ母親は、受験の成功を願って、神社詣でに熱心になることが少なくない。受験生のなかには、有名神社のお札を身につけている場合もある。ある外科医は、手術の前に念仏をするという。手術の成功を祈願してのこと、と聞く。有名なＩＴ企業の敷地には、赤い鳥居もある。

私たちは、日常の慣れきった暮らしを営む一方で、経験をしたことのない、いわば未知の世界と向き合わざるをえないことも少なくない。そうした場合、日ごろは見向きもしない神仏に、無事を祈願することも出てくる。

神仏への祈願は、一見しおらしいように見えるが、自分の欲求を、神仏を使って実現しようという、自己中心の一種であることには変わりはない。あるいは、今、自分に恵まれている環境に悪い影響を与えてほしくない、という祈願でもあろう。一言でいえば、攘災招福（災いをはらい、福を招く）を祈願しているということである。

なにごとにもたじろがない「本願念仏」

「本願念仏」の世界は、こうした攘災招福を求める精神とはまるでちがう。「本願念仏」は、この世に生じる災いや幸福に左右されることのない、いわば絶対的な「精神の自由」をもたらす。そのことを『歎異抄』では、「無礙《むげ》の一道《いちどう》」とよぶ（第七条）。「無礙」とは、どんなものにも妨げられない、という意味である。第七条を現代語訳で読んでみよう。

阿弥陀仏の名を称する行為（念仏）は、なにごとにも妨げられない唯一絶対の道（「無礙の一道」）を歩む証です。そのわけは、念仏の行者に対しては、天の神・地の神も敬ってひれ伏し、魔の世界にあるものも、あるいは、仏教を否定する異教徒の人々も、妨げをなすことができないからなのです。

罪悪は、その報いを念仏の行者の上に現しても、念仏の行者の心を揺り動かすことはできませんし、いかなる善も念仏に及ぶことがないので、（念仏を）「無礙の一道」というのです。

親鸞は、なぜこれほど念仏に自信をもつのか。それは、念仏が、人の心に現れた阿弥陀仏のはたらきそのものだからである。阿弥陀仏は、「南無阿弥陀仏」という「名」になって、称える人の心に流入してくる。そのはたらきを直接知ることはできないが、称名の持続がもろもろの束縛や、不自由や、困難を和《やわ》らげてくれる。称名そのものが、仏道なのであるから。

親鸞は、この念仏による新しい世界を、誰よりも強調した。それまでは、念仏は、死後の成仏を保証するためのもの、と受けとられがちであった。だが、親鸞の評価は、真反対である。親鸞によれば、念仏は、生きている間にも、仏道を歩んでいるという確信を与えてくれるのである。

とりわけ、「罪悪は、その報いを念仏の行者の上に現しても、念仏の行者の心を揺り動かすことはできません」という一節は、重要である。原文でいうと、「罪悪も業報《ごうほう》を感ずることあたはず」だが、「感ずる」という語感が「精神の自由」にかかわる。「感ずる」という古語は、「心を動かされる」という意味であり、したがって、この一文は、つぎのように読める。「念仏者がその罪悪の報いを受けても、それに心を動かされて動揺することはない」、と。罪悪の報いは消滅しないが、それに縛られることがない、それが念仏の力だということであろう。とりわけ、「悪業」の報いを恐れることなく、称名の暮らしを生きてゆけばよい、というのである。

宗教と呪術の違い

「本願念仏」がもたらす「精神の自由」の自覚は、宗教と呪術の違いにも敏感になる。そもそも、呪術とはどういうものなのか、一言ふれておきたい。

人は「意味を求める動物」だ、といってよい。たとえば、私が病気になったとしよう。病気の原因を医師から聞く。なるほど、と納得する。普通の病気ならそれで済むが、難病であれば、医師の説明だけでは、どこか納得しきれないところが残る。なぜほかの人でなく、この私がこの病に罹ったのか、という恨みとも後悔ともつかぬ思いが湧いてきて、その「わけ」を知りたいと思う。

つまり、医学的な説明のほかに、私が難病に罹った「わけ」が知りたいのである。ひょっとして、あのとき、あの人たちにひどいことをした報いなのか、等々が心に浮かんでくる。それは、医学の教える因果論からは遠い。第一、過去の自分の行為と、今、難病に罹って苦しんでいることの間には、なんら合理的な因果関係はない。にもかかわらず、それを承知の上でなおも、今の自分の苦しみを説明できる「わけ」が知りたいのである。

科学的な因果の説明は、一般的な説明であり、私の事情に特化した説明ではない。私が欲しいのは、ほかの人ではなく、この私がなぜ難病に罹らねばならなかったのか、その説明なのである。このように、どこまでも自分の今の困難な状況をもたらした「わけ」、意味を求める気持ちが、宗教への出発点になると同時に、呪術的思考への道ともなる。

呪術とは、科学のように実験で証明することはできないが、独自の因果の物語をつくって、「わけ」を説明する。たとえば、ある団体では、この世の不幸は、先祖供養に手抜かりがあったからと説明する。それは、科学的に証明できる事柄ではないが、現実に不幸に打ちひしがれている人の心をとらえやすい。非合理だが、一応、「わけ」が説明されているからだ。

だが、このような種類の「わけ」の説明は、受け入れた人に安心感をもたらすであろうか。このような「わけ」を、いわば捏造《ねつぞう》した人たちは、一つの先祖供養が終われば、また別の先祖供養を取り上げて、その供養の不十分を追及してくるであろう。そこでは、より完全な先祖供養が求められて、いつまでも不安にさいなまれるだけではないか。あるいは、先祖供養の手抜かり以外の別の原因を示されれば、また、それにしたがわねばならなくなる。呪術的因果論は、どこかで論理的破綻があるから、いずれは、それに気づくことができるはずだが、ときにそれがむつかしく、さまざまな悲劇を生む。

呪術的思考が問題となるのは、直面している問題の本当の解決にはならない、ということにあろう。阿弥陀仏の本願も、日常的な思考からすれば簡単には認め難いが、日常的思考を否定して、はじめて見えてくる世界なのである。呪術的思考には、そのような新しい世界の発見はない。

およそ呪術的思考では、自分のありようを問う、ということがない。今の自分のありようを説明する「わけ」を、手にしたいだけなのだ。この点、宗教は、どこまでも自分のありようを問い続ける。

宗教的因果論は、呪術の因果論のように、科学の因果論によって破られるということはない。阿弥陀仏と私の関係は、実験室で証明することはできないが、そこには、道理が貫かれている。

阿弥陀仏の物語は、この人生において、もっとも頼りになる「意味」を与えてくれている。死の不安や、人生の諸々の不条理に躓《つまず》く私を、励ましてやまない。私が「本願念仏」の教えによって手にした精神の自由は、なによりも明るい。私の、意味を求めてやまない心に、根本から納得できる「意味」を与えてくれる。これに比べると、呪術の世界は、すぐ破綻する。道理が貫かれていない。どこかに無理がある。そしてなによりも暗い。

第九章

「親鸞は弟子一人ももたず」

カリスマ性をもつ教祖

世間の、宗教団体への不信の念は相当に深い。教祖が脱税や、信者に対する淫行、暴力沙汰など、ほしいままにしているとか、教団に入ると、信者は一方的に洗脳されて金銭を巻き上げられているとか、評判は芳しくない。だが、そういう教団を擁護するつもりはないが、組織の堕落という点では、世間にあるほかの集団も、なんら変わらないのではないか。政治家集団などは、どうなるのか、と思う。

こうした教団批判や教団忌避の話を聞くたびに、こと宗教集団に関する限り、日本人の多くが純粋、清純を求めるのはなぜなのか、不思議に思う。

その理由の一つに、伝統的な祭りに奉仕する人々のイメージがあるのではないか。日本の「自然宗教」では、村を代表してカミや先祖と交流するために選ばれた人は、衆人が見守るなかで精進潔斎を重ねて、心身ともに清浄となることが求められてきた。神仏と交流するほどの人は、普通の人であってはならないのである。実際、村祭りでは、神と交流できるほどの心身を獲得した人物は、村人や氏子からは神として崇められる。一時的にせよ、人が神になる。これが日本の「自然宗教」なのである。

日本社会における宗教的指導者のイメージの原型は、このような「神になった人」にある、といってよいだろう。「神になった人」は、「神から特別の資質を与えられた人」ともいえるが、学問上は、そうした資質を「カリスマ」という。だから、教祖は多くの場合、「カリスマ」として振る舞いがちとなる。

このような教祖を中心として成り立つ宗教集団では、教祖が絶対的存在になり、信者の生殺与奪《せいさつよだつ》の権をにぎる。加えて、教祖の絶対性は、その血筋につながる子孫にまで受け継がれる。教祖の二代目は、なんら苦行など経験したことはなくとも、初代と同じように、信者に対する生殺与奪の権を受け継ぐ。いわば霊力の相続が起こる。

では、「本願念仏《ほんがんねんぶつ》」においてはどうか。

「親鸞は弟子一人ももたずさふらふ」

法然《ほうねん》を教祖とする「本願念仏」においても、信者たちの集団がつくられた。また、関東で布教した親鸞《しんらん》の場合も、その弟子は名前が分かっているだけでも三十九人はいたという。そして、それぞれが相応の弟子をもっていたのであり、親鸞を教祖と仰ぐ人は、それなりの数に達しており、立派な教団があったといってよい。

そういう集団ができていたとすると、そのなかで「わが弟子、ひとの弟子」という弟子の取り合いも生じたことであろう。『歎異抄《たんにしょう》』第六条は、そうした弟子の奪い合いにふれて、そのような争いは、もってのほかのことである、と戒めると同時に、「親鸞は弟子一人ももたず」と明言している。

親鸞がその理由としてあげるのは、念仏は阿弥陀仏の工夫になるものであり、阿弥陀仏から与えられたものである、という点だ。親鸞が念仏を発明して、親鸞の力によって人々に念仏を称《とな》えさせているのであれば、わが弟子、といってもよいのかもしれない。だが、阿弥陀仏の工夫になる念仏を称える人々を、わが弟子というのはまことに尊大な言い分ではないか、と親鸞はいさめている。

第六条を、現代語訳で紹介しよう。

専修念仏《せんじゅねんぶつ》の同朋方が、自分の弟子だ、人の弟子だといい争っているようですが、思いもよらない事態であります。親鸞には、弟子というべき人は一人もおりません。

そのわけは、自分の力によって人に念仏させることができるとしたら、その人を弟子とよぶこともできるでしょう。しかし、専修念仏においては、人はもっぱら阿弥陀仏の御うながしをこうむることによって念仏するのでありますから、その人をわが弟子ということは、まことに尊大な言い分といわねばなりません。付きしたがう縁《えん》があればともに歩み、離れねばならない縁があれば、離れてゆくものであるのに、「師匠に背いて、ほかの人に付きしたがって念仏する人は、往生《おうじょう》ができないのだ」などということは、言語道断です。阿弥陀仏からいただいた信心を、自分のものだといわんばかりに、取り返そうというのでありましょうか、いくら考えても、あってはならないことです。

他力《たりき》の道理が会得できれば、阿弥陀仏の恩をも知り、また師匠の恩をも分かるはずであります。

右の文の「親鸞には、弟子というべき人は一人もおりません」という一文は、原文でいえば、「親鸞は弟子一人ももたずさふらふ」である。

法然の信心も親鸞の信心も同じ

「本願念仏」では、阿弥陀仏は「名」になっているのであり、その「名」を称えると、称える人間に阿弥陀仏の心が流れ込んでくる。その阿弥陀仏の心を「まことのこころ」といい、漢字で表すと「信心」となる。それゆえに、「まことのこころ」（「信心」）は、阿弥陀仏から与えられるものなのであり、霊力のある、特別の人間が与えるものなのではない。第六条の文中にあるように、「信心」（「まことのこころ」）は、「阿弥陀仏からいただいた」ものなのである。だからこそ、「本願念仏」の同朋は、等しく平等なのである。

だが、その平等の自覚は、必ずしも明確ではなかった。同じ『歎異抄』の「結文」には、つぎのような話が紹介されている。

親鸞がまだ法然のもとにいたときのこと。親鸞が、私の「信心」も、法然上人《しょうにん》の「信心」も、ともに同じだと発言して、門弟方のなかに物議をかもした。なかでも、法然の高弟たちが反対した。そこで、親鸞は、法然の前で決着をつけることを提案する。それに応じた法然は、自分の信心も親鸞の信心も、「如来《にょらい》よりたまはりたる信心」という点では同じだ、と答える。「如来」は、阿弥陀仏のこと。阿弥陀仏からいただいた「信心」であるからこそ、法然の「信心」も、親鸞の「信心」も同じだ、と明言したのである。

阿弥陀仏から与えられた念仏であり、「信心」であるからこそ、親鸞は、「弟子一人ももたず」と言明したのである。この発言は、「本願念仏」においては、「カリスマ」など成立する余地がないことを示している。「カリスマ」は、神が与えた特別の資質ということであり、多くの宗教集団では、「カリスマ」である教祖が絶対的な力をもつ。だが、本願念仏に限っては、論理的に「カリスマ」は発生のしようがない。本願念仏を信奉する人々は、互いに平等そのものなのである。

「生き仏」にはならなかった法然

親鸞は、自分がカリスマ的指導者になることはありえない、という一方で、自分には、「本願念仏」の教えに導いてくれた「よき人」がいると、すでに見てきた第二条のなかで明言している。親鸞においては、ただ念仏して阿弥陀仏に助けられてゆくのがよい、という「よき人」の教えを蒙って信じているだけだ、と告白するばかりなのである。

では、「よき人」とは、今日の言葉でいえば指導者、ということであろう。その「よき人」が、「カリスマ」になる可能性はないのか。「本願念仏」においては、ありえない。だが、現実には、「よき人」を特別に崇める風潮が、すでに法然の時代にあった。

そのよい例が、法然の弟子であった正如房《しょうにょぼう》という女性の信者にあてた、法然の手紙に残されている。その内容を要約すると、つぎのようになる。

彼女は、自分の病が重篤になり、臨終も間近だと思われるようになったとき、法然に手紙を送った。それには、自分の臨終に立ち会ってほしい、という願いが記されていた。なぜなら、正如房にとって、法然は「善知識《ぜんちしき》」（信仰上の指導者）であったのであり、当時は、臨終に「善知識」に立ち会ってもらうことが習慣となっていたのである。なぜか。臨終に、霊力のある特別の人間に立ち会ってもらうと、死後、地獄など悪いところへ生まれずに済む、という俗信が盛んであったからである。

法然は、彼女の、いわば必死の願いを拒否し、念仏を続けるように、と教えるのみであった。なぜなら、死後浄土《じょうど》へ生まれるためには、普段の念仏で十分であったのだから。彼女は、法然に帰依して「本願念仏」を選択しながら、なお、従来の霊能者信仰を拭い去ることができていなかったのである。

「本願念仏」に出遇《であ》うためには、「よき人」が不可欠である。なぜならば、「本願念仏」に帰依するためには、「阿弥陀仏の物語」についての知識、とりわけ、その本願についての正確な知識が不可欠だからである。それは、現代でも同じである。「阿弥陀仏の物語」を知るには、書物だけで十分だと思われがちだが、やはり、先輩と顔を突き合わせて、心底納得がゆくまで、対話することが不可欠なのである。

ただ、自分を「本願念仏」に導いてくれた人への感謝の念が、さらに深まり、特別視することも、しばしば起こる。そうした傾向は、のちの「本願念仏」の歴史においても見られ、「善知識頼み」という言葉が生まれた。一種の「生き仏」崇拝である。

いずれにしても、親鸞の「弟子一人ももたず」という考え方は、日本社会に濃厚な、血を原理とする集団形成とは、まったく異なる平等原理として、意義深いといえよう。

第十章

なにが「大きな物語」の理解を妨げるのか?

「大きな物語」をどう納得するか

「大きな物語」のなかで、人情や常識的な考え方を根本から否定して成立している物語の代表が浄土《じょうど》仏教である。法然《ほうねん》や親鸞《しんらん》の仏教は、人間の常識が通じない、別の論理で成り立っている。阿弥陀仏の「大きな物語」を受け入れていくときの躓《つまず》きは、今の自分の常識やあり方が否定されている点にある、といってよい。

そういう物語に対して、日常的な私（自我）が抵抗するのは当たり前ともいえる。ただ、私がなにかに絶望したり、人間のあり方に大きな疑問を感じたりするとき、現世を超えた「大きな物語」に関心が向く。

ある宗派のように、この世を仏土にするという考え方の方が、理解しやすい。この世を仏土にするための私の努力が認められるのであるから。しかし、この世を理想に近づけるために、私たちになにができるか、という点で躓いた人間、あるいは、それに対して疑問をもった人間には、この世を理想に近づけていくために努力せよ、という教えは受け入れがたくなる。そこではじめて、現世とは断絶した、浄土という観念に関心をもつようになる。

私たちは、しばしば、他人にちやほやしてもらうのが一番うれしい。なにごとにせよ、人に優越していることによって、自分を安定させているのが自我の一大特徴だといえる。それゆえに、私が私の問題に気がつくのは、むつかしい。だが、自分が欲しようが欲しまいが、どうしてもぶつからざるをえない状況に追い込まれることもまた生じる。そうしたとき、自我はどのような選択をするのか。

水上勉《みずかみつとむ》に『停車場有情《ていしゃばうじょう》』というエッセイ集がある。そのなかに、山陰本線の「温泉津《ゆのつ》」という駅が出てくる。彼がこの駅に関心をもったのは、「妙好人《みょうこうにん》」の浅原才市《あさはらさいち》の故郷であったからである。「妙好人」とは、学問はないが、きわめて深い信仰心をもつ人たちをいう。浅原才市も、その一人であった。

浅原才市は一九三二年に、八十三歳で亡くなった。なぜ、彼が念仏者になったのか。彼が十一歳のとき、母親が家出した。残された父親は気が狂い、町で花売りをしながら生きていくが、最終的には野垂れ死んでしまう。才市は、船大工に弟子入りし、母親が近くに住んでいることを知る。母親は、後添えに入り、腹違いの弟がいた。自分を捨てた母親が別の男性と一緒になり、子供が生まれているということにショックをうけ、人間の生き方に疑問をもつ。

それから、彼は船大工の修業ができなくなり、下駄職人になる。下駄をつくるときに、かんな屑がでるが、そのかんな屑に、才市は、自らの信念を書きつけてゆく。

浅原才市のことをはじめて世に紹介したのは、鈴木大拙《すずきだいせつ》であった。鈴木大拙は、禅の人だが、浅原才市が書きつけた言葉や詩を読み、浅原才市は坐禅をしたわけではないが、いたり着いた境地は禅とまったく変わらないと、高く評価した。

母が家出をし、父が狂い、その母が幸せに家庭を営んでいくすがたを見ながら、浅原才市は、人間とはなにか、生きるとはどういうことか、を考え詰めていった。

世の中には、幸せな方もたくさんおられて、亡き祖父母、亡き両親の法事をくりかえすことによって、精神の安定を得られる人たちもいる。しかし、残念ながら、ひとたび人間のもっている愚かさや悲しみに気がつくと、肉親の死を弔うことだけでもって、人生を切り開いていけるとは思えなくなる。そこではじめて、「創唱宗教《そうしょう》」という「大きな物語」が必要になってくる。

自分が生きていく上で、どうしても解決せずにはおられない問題に出遇《であ》ってはじめて、「大きな物語」がよみがえってくる。そのよみがえりは、現世を完全否定して、浄土という観念をたてた「大きな物語」ほど、力強く跳ね返ってくる。なまじ、私たちの常識や思いが投影されているような物語では、私たちに力を与えることはできない。私たちの力を一切認めない物語の方が、私たちに大きな力を与えてくれるという、逆説的な真実が法然・親鸞の仏教にはよく示されているように思われる。

これから、『歎異抄《たんにしょう》』の第十二条と第十六条を紹介するのも、私たちが「大きな物語」に抵抗するときには、だいたい二つの立場からなされることが多いからである。一つは、学問や知識によって、「本願念仏《ほんがんねんぶつ》」の本質が理解できると思うこと。もう一つは、世間の道徳的価値観の領域に、「本願念仏」をいわば引きずりおろして理解しようとすることである。そして、いずれにしても最終的には、自分たちのつくった砦にひきこもる。

学問という落とし穴

では、まず第十二条を読んでみよう。以下の文は、例によって現代語訳にさらに手を加えて読みやすくしている。

経典や注釈書を読んで学問をしない者は、浄土へ生まれることがむつかしい、という主張がありますが、まことにいうに足らない「異義《いぎ》」（「本願念仏」と異なる教え）というべきです。阿弥陀仏の教えを説く経典類は、本願を信じて念仏申せば仏になる、と教えています。この教えのほかに、どのような学問が浄土へ生まれるための条件として必要なのでしょうか。

この道理を理解できない人は、ぜひとも、学問して、本願の意図を知るべきでありましょう。経典類を読み、学んでいるのに、その本意を理解しないことは、もっとも痛ましいことです。

一字の文字も読み書きできず、経典や注釈書の筋道が分からない人のために、称《とな》えやすく工夫されたのが名号《みょうごう》なのですから、本願念仏を「易行《いぎょう》（実践しやすい行）」というのです。学問をもっぱらとする仏教は、出家して修行するという困難な「難行《なんぎょう》」に属します。加えていえば、学問をして、名声や利益を得ようとする人は、浄土へ行くことはむつかしい、という確かな文章もあるのです。

＊

このごろは、専修念仏の人と従来の出家者たちが論争を企てて、「自分の信奉する教えこそ優れている、人のは劣っている」というので、信仰上の敵も現れ、仏教を謗《そし》る罪も生じています。このことは、自ら、自分の信奉する教えを破り、謗ることになるのではないのでしょうか。

たとえ、専修念仏《せんじゆねんぶつ》以外の宗派がこぞって、「念仏は取るに足りない人間のためのものだ、その教えは浅薄で卑しい」と言っても、まったく争わずに、「私どものような、資質のない凡夫《ぼんぷ》で、一字の文字も読み書きできない者が、信じれば助かるのだ、と承って信じているのであって、資質のすぐれた人には、まったく価値のない教えでありましても、私たちのためには最上の教えなのです。たとえ、ほかの教えがすぐれていても、私たちにとっては、能力を超える教えで、とても実践することができません。諸仏は、私たちも他人さまも、ともに迷いの世界から離れることを願っておられるのですから、念仏する私たちを妨げてくださいますな」と、逆らう気配を見せなければ、誰が害を加えようとするでしょうか。

その上、「論争すると、もろもろの煩悩《ぼんのう》が起こってくるから、智者は論争から離れよ」という法然上人《しょうにん》の文章もあるのです。

＊

親鸞聖人《しょうにん》は、つぎのように仰せになっている。「本願念仏の教えを信じる人々もいるが、一方には、謗る人《そし》たちもいるものだ、と仏がすでに説いておられるのですから、信じたてまつる自分がいる一方、謗る他人がいても不思議ではなく、謗る人がいてはじめて、仏の説かれたことが本当だと知られるのです。ですから、私が浄土へ生まれることは、ますます定まったと思います。ひょっとして、謗る人がいないと、信じる人がいても謗る人がいないのはどうしてなのだろうか、とも思われるのです。このように申したからといって、必ず誰かに謗られねばならないというわけではありません。仏はかねて、信じる人もあれば謗る人もあるに違いない、と承知しておられて、私どもに不審を起こさせまい、とお説きくださっているのだ、と申しているのです」、と。

＊

今の世では、念仏者も学問して、謗る人をおしとどめ、もっぱら論争・問答を主としようと準備をしておられるのでありましょうか。学問をすれば、ますます阿弥陀仏の本意を知り、誓願《せいがん》が広大である理由も分かるでしょう。そして、取るに足りないわが身だから浄土へ生まれることはおぼつかない、と危ぶんでいる人にも、本願には善・悪、浄・穢の区別がないことを説き、聞かせることができてはじめて、学者ということになるのでしょう。

たまたま、純心に、本願の教えどおりに念仏する人に向かって、「学問してこそ浄土に生まれることもできるのだ」と言って脅されるのは、仏教を妨げる魔であり、仏に怨みをもつ敵というしかありません。自ら他力《たりき》の信心が欠如しているばかりか、誤って、ほかの人を迷わせる仕業です。私どもは、心を引き締めて、親鸞聖人のお心に背かないようにするべきですし、あわせて、学者ぶることは、阿弥陀仏の本願に背くことになり、悲しく思うべきでしょう。

「求道心」と「好奇心」の違い

念仏していても、仏教についての知識や学問がなければ、浄土に生まれることはできない、という主張が、唯円《ゆいえん》たちの周辺にあった。それに対して、唯円は、右の文章に見られるように、激しい調子で批判している。そもそも「本願念仏」は、学問の有無にかかわらず、貧富の差にかかわらず、性差にかかわらず、念仏さえすれば浄土に生まれて仏になることができると教えている。にもかかわらず、学問の有無を問うとはどういうことか、と。

たしかに、物事の真理を理解する上で、素直に理解する人と、理屈を重ねないと納得できない人がいる。だから、ここでも「本願念仏」を理解するためには、学問が必要だという主張は、一見もっともに思われる。だが、ここで批判されているのは、本願の本質を理解するための学問ではなく、他宗との論争に打ち勝つためであったり、素直に本願を信じて念仏する人たちをいい脅かすための学問沙汰なのである。唯円の悲嘆が深まる所以である。

だが、「本願念仏」の歴史を振り返ると、信心と学問の関係について、法然の存命中に、すでに、幾たびも問題になっており、それが、さらに、その後も続いていたことが分かる。その例の一つがこの第十二条だが、ほかにも、たとえば、『歎異抄』と時代を近くして編纂された『一言芳談抄《いちごんほうだんしょう》』にも、つぎのような話が伝えられている。大略を紹介する。

信空《しんくう》という弟子が、法然上人に尋ねた。「智慧《ちえ》が浄土に生まれるために不可欠な条件だとしますならば、ご指示を受けて、勉学に励みたいと思っています。もし、念仏だけで十分だということでしたら、そのわけをお教え願えないでしょうか」、と。そこで法然上人は、つぎのようにお答えになった。「浄土に生まれるための条件は、中国の善導大師《ぜんどうだいし》が明らかにされているように、称名《しょうみょう》に尽きています。ですから、往生《おうじょう》のためには、称名で十分なのです。学問を好むよりは、念仏をする方がよろしい。(ただ)念仏によって浄土に生まれるわけが、まだはっきりとしていないのであれば、学問をする方がよろしいでしょう。しかし、それが分かれば、学問はやめて、称名に時間を割く方がよろしい。勉強によって、称名の時間を妨げてはなりません」、と。

法然のこうした考え方は、ほかの弟子たちにも伝わっており、乗願房《じょうがんぼう》という弟子は、およそ、つぎのようにのべている。学問は大切なように思えるが、浄土に生まれる条件とはいい難い。たしかに、学問をすれば不審は明らかになることもあるが、また別の不審を招くものだ。こうして、つぎつぎと不審を追究していると、心静かに念仏する暇がなくなる。このように、往生のためには、学問は障りになるばかりだ、と。

また、法然の弟子たちが顔を合わせると、昔と今の求道の違いについて、つぎのように話し合っていたという。昔の聖たちは、互いに後世を思う心が深いかどうかを話し合っていたが、今の聖たちは、学問ができる器であるかどうかばかりを議論している。なんと変わったことか、と。

こうした風潮を知るにつけても、私は、「求道心」と「好奇心」の違いに関心を寄せざるをえない。「本願念仏」についていえば、その教えにじかにふれて、生きる「よりどころ」としたいという願いから近づくのか、仏教という知らない世界に関する興味からなのか、それぞれによって得られる世界は、まったく異なるのではないか。

そもそも、「好奇心」には、「求道心」と違って、おのれを問うという契機がない。もっぱら、知的関心の推移があるだけである。学問は、しばしば、「好奇心」からはじまり、推進されることが多い。宗教は、「好奇心」の対象である場合もあるが、本質的には「求道心」の世界なのである。

道徳的改心という落とし穴

「創唱宗教」の信者になるためには、教義を自覚的に選んで納得し、教義が求める「行《ぎょう》」を実践し、信者にふさわしい生活を送ることが要求される。なによりも、教義にふれて、「そうか！」という納得が得られるかどうか、それが重要であり、そうした心の転換を「廻心《えしん》」ともいう。

「廻心」は、一度経験すればよい。もちろん、「廻心」を経験してからも、教義をめぐって、疑問は次々と出てくる。そして、そのたびに新しい納得が得られるのだが、それは「廻心」とはいわない。「廻心」によって宗教的世界がより自覚的になり、その後も、その世界は徐々に深まってゆく。その過程は、もはや「廻心」なのではない。信心、あるいは信仰が深まってゆく、ということなのである。

だが、ここで問題となるのは、「廻心」が、心をあらためるという意味になり、道徳的な誤りをするたびに、心をあらためよ、と求められている点なのである。「本願念仏」は、世間的道徳を超越した教えであり、そのモットーは、「悪人成仏《あくにんじょうぶつ》」にある。にもかかわらず、阿弥陀仏は、悪人よりも善人を好まれるに違いないと決め込んで、悪を犯したときには、必ず心をあらためよ、入れかえよ、と説く。それは、唯円が批判しているように、凡夫であるにもかかわらず、悪を断じ、善を修行することができるという思い上がりなのであろう。

では、第十六条を現代語訳で読んでみよう。

念仏者といわれる人のなかには、つぎのように主張する人がいます。「阿弥陀仏の誓願を信じて念仏する者は、腹を立てたり、不都合なことをしたり、信仰の仲間たちと口論したときには、おのずから、必ず心をあらためねばならない」、と。こうした主張をする人々は、悪を断じ、善を修めることができるという心地でいるのでしょうか。

専修念仏の人においては、心をあらためることはただ一回限りなのです。それは、本願念仏を知らなかった人が、阿弥陀仏の智慧をたまわって、日ごろの心では浄土へ生まれることができないと思い、平生の、自分をたのむ心をすっかりあらためて、本願をたのむようになることをいうのです。

すべてのことに関して、朝夕に心をあらためて往生を遂げねばならないということになると、人の命は出る息、入る息を待たずに終わるものですから、心をあらためもせず、臨終にのぞんで「柔和忍辱《にゅうわにんにく》」という境地にも到達できずに死んでしまうならば、念仏の行者をすべて救いとるという阿弥陀仏の願いは無駄になってしまう、とでもいうのでしょうか。

＊

口先では誓願をたのむと言いながら、心では、いかに悪人を助けたいという誓願であっても、やはり善人をお助けになるのではないか、と考えるので、誓願を疑い、他力をたのむ心が失われ、浄土へ生まれるといっても、浄土の中心を外れた「辺地《へんじ》」にしか生まれることができないようになるのは、まことに情けないことと、お考えにならねばならないでしょう。

＊

阿弥陀仏の誓願を信じきることができれば、行者を浄土へ生まれさせるのは、阿弥陀仏のお仕事ですから、私がとかく思案する必要はどこにもありません。悪業《あくごう》から離れることができないわが身を思うにつけても、ますます阿弥陀仏の本願の力を仰ぐのです。そうなると、他力の道理によって「柔和忍辱」の心の生まれてくることもありましょう。

＊

万事につけて、浄土へ生まれるためには、すべて利口ぶらずに、ただ、われを忘れて阿弥陀仏のご恩の深重であることを、つねに思い出すのがよいのです。そうすれば、念仏も自然に口をついて出てくるようになるでしょう。

これが、阿弥陀仏の、「おのずから」のはたらきです。私があれこれと、考えたり、按配《あんばい》しないこと、それを「おのずから」と申すのです。それがとりもなおさず、他力ということです。ところが、「おのずから」というはたらきについて、別の考え方があるかのように、物知り顔に主張する人がいると承っていますが、まことに驚き、あきれることではありませんか。

阿弥陀仏の本願への納得が十分に得られて、信心が生まれたならば、もはや浄土に生まれることを心配する必要はない。そもそも、往生は阿弥陀仏の仕事なのであるから、私が心配することはなにもない。その間に、私が悪事に陥ったとしても、それが私の往生の妨げになることもない。私の往生と、私の道徳的改心の有無とは、なんの関係もない。

だが、第十六条で問題となっている「異義」は、信心を得ても、道徳に背くことをすると、そのたびに改心しなければならないという。これでは、改心から解放されることがなくなるではないか。そうなれば、念仏の暮らしに入っても、落ち着きを得られないどころか、かえって不安になってしまう。信心の定まることが強迫観念と結びつくような信心とは、もはや信心とはいえないだろう。

くりかえせば、信心が定まるとは、わが往生を阿弥陀仏のはたらきに任せることなのであり、その結果、どのようなことが身に起きてこようとも、もはや、心身がかき乱されるような苦しみに陥ることはない。

私たち凡夫は、不本意な悪から解放されることはない。そういう凡夫を対象にして、阿弥陀仏の本願は、はたらいている。そのはたらきを受け入れるならば、念仏を口に称えることもできるし、「南無阿弥陀仏」と口に称えれば、阿弥陀仏が私の心の奥深くではたらく。そうなれば、ときに、慈悲《じひ》の活動がわが身から漏れ出ることもあろう。もちろん、出てこなくても失望することはない。

道徳的改心は、できるときもあれば、できないときもある。どんなに悪事を避けたいと思っていても、業縁《ごうえん》がはたらけば、本人の意志とは別に、悪事に手を染めることになる。それが、凡夫の常なのである。そして、そういう凡夫のために阿弥陀仏の本願があるのだ。『歎異抄』の第十六条は、私たちはときに悪事に手を染め、慚愧《ざんぎ》し、そこで本願を仰いで念仏をし、称名に励まされて生きる、そのくりかえしが凡夫の仏道であることを教えている。

以上、「本願念仏」の理解をむつかしくする要素として、学問主義と道徳主義がある、と説明してきたが、「無宗教」を標榜する人からすれば、これらの「異義」の立場の方が分かりやすいのではないか。学問を実践して真理を明らかにする、あるいは、道徳を堅固に守り抜いて、人に後ろ指をさされずに人生を生き抜く、そうした人生の方が分かりやすいであろう。

面白いことに、学問主義や道徳主義に立つ人が少なくなかったと見えて、『歎異抄』には、彼らの主張がいろいろ取り上げられている。彼らの特徴は、なによりも「本願念仏」の本流を歩くのではなく、自己流に解釈した念仏論で十分だとする。それが「異義」を形成しているのであるが、自己流のきわまりを以下に紹介しておこう。

ニセの浄土①

法然の仏教は、浄土に生まれることを目指す仏教だが、『無量寿経《むりようじゆきよう》』には、信心のもち方、阿弥陀仏の本願の理解の仕方によって、浄土での生まれ方が違う、と記されている。なぜ、『無量寿経』のなかに、そのようなことがわざわざ記されているのか。主たる理由は、私たちが阿弥陀仏の本願を素直に信じることができない、という事情にある。

経典には、阿弥陀仏の本願を信じて念仏すれば、浄土に生まれるとある。だが、念仏は称えても本願を疑うような人は、浄土の真ん中ではなく、「辺地」(浄土の郊外)に生まれるという。同じく、浄土には生まれるけれども、五百年間、蓮の花に包まれて阿弥陀仏を見ることができないというケースもある。「化土《けど》」という。「化土」に生まれて五百年たつと、蓮の花が開いて、浄土に生まれたことが分かる、という。

なぜ、このような叙述が経典にあるのか。それは、阿弥陀仏の本願を信じることのむつかしさを教えるためだ、といわれている。第十七条では、経典に説かれている「辺地」や「化土」について、「本願念仏」の教えを自分たちの都合のよいように理解して、普通に念仏している人たちをいい脅かしている例を紹介、批判している。

以下、第十七条を現代語訳で読みながら、その意味を考えてみよう。学問や道徳を優先して、「本願念仏」を教えどおりに受けとることのむつかしさ、それを別の視点から考えることができるのではないか。

浄土の中心ではなく、「辺地」に生まれる人は、最終的には地獄に堕ちると主張する人がいますが、いったい、その証拠となる文はどこにあるのでしょうか。学識を誇る人たちがいいはじめられたようですが、情けないことです。教典や注釈書、先輩方の著書を、どのように見極めておられるのでありましょうか。

＊

信心を欠いている念仏の行者は、本願を疑っているがために、浄土の「辺地」に生まれるのですが、そこで、疑いの罪を償ったのち、真実の浄土での悟りを開く、と聞いております。

このような「辺地」往生が説かれるのも、正確に本願を理解して、信心を手にする人が少ないからなのです。たとえ本願への疑いがあっても、阿弥陀仏の名を称する人々は、浄土の「辺地」であっても、そこへまず迎えとろう、というのが教典の本意なのであります。しかし、そうした経典の意図を捻じ曲げて、「辺地」往生は、ついには地獄行きだというのでは、阿弥陀仏が虚妄《こもう》を申された、ということになるではありませんか。

法然は、「一文不知《いちもんふち》の身」にならないと、本願は分からないと教えているし、また浅原才市は無学であった。学識をひけらかす人は、「一文不知の身」とは正反対のあり方である。どうして、「一文不知」でないと阿弥陀仏の本願が分からないのか。それは、常識は役に立たないということが分からないと、「阿弥陀仏の物語」は受け入れられないからである。

学識をひけらかす人は特別な人かというと、そういうわけではなく、誰にでも起こりうることなのである。同じ信仰をもっている集団のなかで、同じ仲間だといいながらも、仲間のなかで優位にたちたいという思いがはたらくと、そうした現象が起こりやすい。

私たちの悲しい性《さが》で、他人からちやほやされたい、他人よりも優位にたちたい、という気持ちがあるために、どうしても「学識を誇る人」のようなふるまいをしてしまう。『歎異抄』のなかに第十七条が置かれているのは、親鸞を中心とする集団のなかでも、「学識を誇る人」が少なからず出てきたことを示しているのであろう。

ニセの浄土②

『無量寿経』のなかに、「易往而無人《いおうにむにん》（往きやすくして人なし）」という言葉がある。浄土に往生することは容易であるが、往く人は少ない、という意味である。

親鸞は、右の文章を解説して、つぎのように記している。

「易往」は、往きやすいということである。本願力に乗ずれば、本願の説く真実の浄土に生まれることは疑いない。だから、往きやすいというのである。「無人」とは人がいない、ということで、人がいないというのは、真実信心の人が少ないという意味であり、したがって、真実の浄土に生まれる人も稀だ、ということになる。そのために、源信僧都《げんしんそうず》は「真実の浄土に生まれる人は多くない、一方、化土に生まれる人は多い」とおっしゃっている。（「尊号真像銘文《そんごうしんぞうめいもん》」）

阿弥陀仏の誓願のとおりに、素直に念仏すればよいところを、さまざまに理屈をつけて念仏をむつかしくしている。それは、自分の考えを中心に阿弥陀仏の本願を理解、解釈しようとするからである。その自己中心のありように気づけば、阿弥陀仏が与える念仏を、素直に受けとれる。そうなれば、真実の浄土への往生は容易となる。

「本願念仏」の教えは、簡単であるにもかかわらず、教えどおりに信じて浄土に生まれることができないのは、今の私たちにはじまったことではなく、浄土仏教が生まれた最初から存在していた問題だといわれている。法然は、浄土にいくための方法がきわめて簡単で完璧であるということを説明すると同時に、どうしたらそれを信じることが出来るのか、という説明に力を尽くした。本願のいわれに納得ができないと、念仏をしていても、浄土の真ん中に生まれることに関心がない、という現象が生じるのである。

この点、以前につぎのような話を、ある僧侶から聞いたことがある。本願寺教団の勢力が及んだ地域でのこと。信者のなかに、「辺地」や「化土」への往生で結構、という人が少なくない。あるいは、長い六道輪廻《ろくどうりんね》（126ページ参照）をめぐってきたのだから、五百年くらい待つのはどうってことはない、「辺地」でよい、という信者もいるとか。その人は、そのような信者たちに、そんなに遠慮をせずに、浄土の真ん中に生まれてください、と説得するのだが、なかなか聞き入れてもらえない、という話であった。

不思議なことに、「本願念仏」をはじめて唱えた法然は、「辺地」や「化土」に言及することがない。このことにこだわるのは、親鸞である。

法然は、阿弥陀仏の誓願を信じて念仏すれば浄土に生まれる、とそれだけを主張した。法然は、阿弥陀仏の本願の信じ方に、段階や差別、限界があることをやかましくいわない。『徒然草』には、「疑ひながらも念仏すれば、往生す」という法然の言葉が引用されているが、信心についても、それが真実かどうか、場合によれば、それにもこだわりを見せていない。

親鸞の段階、つまり法然の弟子の段階になると、法然が教えた第十八願（51ページ参照）の信じ方について、さまざまな説が生まれてくる。それらのなかで、どれが法然や経典の教えにかなっているのか、そのことが議論の中心となってくる。

そうした雰囲気のなかで、親鸞は、信心のあり方にとても敏感になっていく。同じ本願を信じるのであれば、正しい信じ方をしてほしい、というのが親鸞の立場であった。法然は、多くの人に念仏をしてほしい、念仏すれば必ず浄土に生まれるという一点に説法の中心を置いた。そのために、信心のあり方をやかましく論じることはなかったように思われる。ここが、法然と親鸞の違いとも考えられよう。

ただし、親鸞のような立場が強くなると、念仏者のなかに、偽の念仏者と本当の念仏者がいる、という差別や区別が生じやすい。その結果、異なった信心をもつ人を排除・排撃していくことにもなる。信心といえども、私たちの心のことであるから、「異義」であるがために、人間関係の断罪にまで進んでいくのは、危険といわねばならないだろう。

この点で、『歎異抄』は、ぎりぎりのところにある。「辺地」往生といえども、阿弥陀仏の慈悲心によるのであるから、安心して念仏すればよい、という考えがある。だが、第十七条にあるように、「辺地」往生では地獄に堕ちるぞ、というのでは、もはや排除の考え方にたっているということになろう。

「本願念仏」は、法然の段階で完成し、その後は、その解釈を争うことになる。それに対して、親鸞をピークと見る立場は、教団のエゴイズムだという一面がどうしても拭えない。「本願念仏」のよさは、どんな人間でも念仏すれば救われる、ということにあるのであるから、信心のあり方を議論しすぎて、場合によれば糾弾するのは、大きな問題だと考えられる。

『歎異抄』は、親鸞が法然から聞いた「本願念仏」について、当時の人々の常識で理解すると陥りがちな過ちを指摘している。だが、だからといって、誤った理解をした人間を排除するという議論はまったくない。

それが、唯円や、さらにつぎの世代になると、「辺地」往生が排除の対象になっていく。法然の段階では、「辺地」往生も、阿弥陀仏の慈悲の深さを示すこととして理解されているのに、それが排除の対象となると、その差は大きいといわねばならないだろう。宗教的精神の衰弱のはじまりにほかならない。

第十一章

念仏のみが真実である

『歎異抄』の構成

『歎異抄《たんにしょう》』は、ほぼ四つの部分から構成されているといってよい。一つ目は、親鸞《しんらん》が法然《ほうねん》から教えられてきた「本願念仏《ほんがんねんぶつ》」の本質を示す語録、二つ目は、そうした本質にいたらない理解の仕方とそれに対する批判、三つ目は「結文」で、『歎異抄』を閉じるにあたって、あらためて吐露された唯円《ゆいえん》の感慨、そして四つ目が「付録」としてつけられた「流罪の記録」、である。

「結文」には、私の見るところ、大切な文章が三つある。一つは、「本願念仏」における「信心」は、阿弥陀仏から与えられるものだ、ということ。二つは、阿弥陀仏の本願は、親鸞一人のためにあった、という親鸞の思い、三つは、凡夫《ぼんぶ》にとって世界は火宅無常《かたくむじょう》であり、念仏だけが真実だという告白、である。

以下、順を追って、おおよその内容を紹介する。

親鸞に反対した二人の僧

一つ目の大切な文章については、すでにふれておいた（146ページ参照）。親鸞がまだ法然のもとにいたころ、自分の信心と師である法然の信心は同じだ、と主張したところ、ほかの弟子たちが思いのほか強い反対を示したので、ついに、法然の前でどちらの言い分が正しいのかを判断してもらうことになった、というエピソードである。結論は、法然が自分の信心も親鸞の信心も同じであり、その根拠は、いずれも「如来《にょらい》からたまわった信心」だから、ということであった。

このエピソードで、私は親鸞の主張に反対した二人の弟子に関心をもつ。親鸞の主張そのものは、「本願念仏」の論理にしたがえば了解できることであるが、二人の弟子の考え方には、「本願念仏」の教えからは遠い面があり、どうして彼らが仏教史上の革命者である法然に近侍《きんじ》していたのか、という謎である。まず、二人がどのような人物であったのか、見ておこう。

一人は、勢観房源智《せいがんぼうげんち》。彼は、平清盛の曽孫で、祖父は平重盛、父はその五男の師盛という名門の出身であった。だが、平家が一一八五年に壇ノ浦で滅びたために、源氏側の詮議を逃れる暮らしを強いられることになり、十三歳のとき、法然のもとに身を寄せた。だが、法然は、彼を比叡山《ひえいざん》の天台座主慈円《てんだいざすじえん》のもとで出家させた。慈円が源頼朝と親交のあった九条家の出身であることを考慮してのことであったという。その後、頼朝と九条家は断交状態となり、法然はふたたび源智を引き取る。源智十八歳、法然六十八歳のときであった。

以後、源智は、法然が亡くなるまで、常随給仕《じょうずいきゅうじ》する身となった。法然最後の教えといわれる「一枚起請文《いちまいきしょうもん》」を伝持《でんじ》したのも源智であったという。

勢観房源智は、のちにふれるが、法然が流罪となる本願念仏弾圧事件には、連座しなかった。彼は、常随の弟子として、四国に配流となった法然に付き従いたかったといわれるが叶わなかった。そのこともあってか、名門であったがゆえの伝《つて》を利用して、法然の赦免のためにはたらいたという。事実、一二〇七年二月に配流となった法然は、十か月後の十二月には赦免となり、摂津《せっつ》の勝尾寺《かちおでら》に滞在することになった。

二人目の念仏房《ねんぶつぼう》は、念阿弥陀仏《ねんあみだぶつ》とも称した。親鸞よりも十歳年上で、長生きして九十五歳でなくなったという。もとは、天台宗の学僧であったが、法然の教えを受けて浄土宗に帰依した。当時の学問が名利につながることを嫌い、隠遁の暮らしを強く願ったという。法然滅後になるが、あるとき、往生《おうじょう》に疑いが生じたが、夢に法然が現れ、「念仏するものは必ず浄土に生まれる。どうして疑うのか」と諭されて感涙したという。

興味があることに、念仏房は、一二〇七年の本願念仏弾圧事件に際して、法然に向かって、公権力に謝罪して流罪を取り消してもらうように忠告した人物であったという。

このように、この二人は法然のもっとも身近に仕えた人たちだが、その二人が親鸞と

「本願念仏」の本質にかかわる点で、意見が違ったのである。なぜなのか。その理由は、よくよく尋ねる必要があるであろう。なぜならば、場合によれば、彼らの考え方のなかに「本願念仏」という名は同じでも、法然の教えとは異質な理解が見いだせるかもしれないからである。

まず以下に、ここまでにのべた「結文」の本文をあげておく。例によって現代語訳を読みやすくした。

親鸞聖人《しょうにん》の御物語のなかに、法然上人《しょうにん》在世のとき、お弟子がたくさんおられたにもかかわらず、法然上人と同じ信心の方が少なかったのでしょう、親鸞聖人と同朋方の間で論争があったということです。

そのわけは、親鸞聖人が「善信《ぜんしん》（親鸞）の信心も、法然上人の信心も同じだ」と仰せになったので、勢観房、念仏房といったお仲間がひどく争われて、「どうして、法然上人のご信心と善信房（親鸞）の信心が同じであるのか」と問われました。

そこで親鸞聖人は、「法然上人の御智慧《おちえ》や学問の才能、知識は広くおわしますのに、それと同じだと申しますならば、それは見当違いもはなはだしいことですが、往生《おうじょう》の信心においては、法然上人とまったく異なるところはありません、ただ一つなのです」とお返事をなさいました。しかし、「どうして、そのようなことが言えるのか」という疑いや非難があったので、結局は、法然上人の前で、どちらが正しいのかを定めるべきだということになって、法然上人にその子細を申し上げました。

法然上人がおっしゃるには、「私の信心も阿弥陀仏からたまわった信心であり、善信房（親鸞）の信心も阿弥陀仏からいただかれた信心です。ですから、二人の信心はまったく同じなのです。私とは別の信心だとおっしゃる方は、私が参ろうという浄土《じょうど》へは、よもやお越しになることはありますまい」とおっしゃったのですから、現在の一向専修の人々のなかにも、親鸞聖人のご信心に違うこともあるということが、おのずと思われるのです。どれもこれも、私の繰り言ではありますが、ここに書きつけておきます。

「信心」の内容

私の見るところ、勢観房と念仏房の信心の見方と、親鸞の信心の見方では、レベルがまったく異なるように思われる。『歎異抄』では、勢観房・念仏房の二人がまるで法然の教えを理解していないダメな人のようにのべられているが、勢観房・念仏房の考え方には、意外に大事な視点が含まれていて、私たちが自分の信心を振り返るときに、大きな意味をもってくるように考えられる。

「本願念仏」における「信心」の意味は、『歎異抄』第一条にのべられているとおりである。現代語訳とあわせて原文も紹介しておく。

阿弥陀仏の誓いによって、浄土に生まれることができると信じて、阿弥陀仏の指示どおりにその名を称《とな》えようと思い立つ、その決断のとき、阿弥陀仏はただちに感応してその人を迎えとってくださり、すべての人々を仏とするはたらきに参加させておいでなのです。

【原文】弥陀の誓願《せいがん》不思議にたすけられまいらせて、往生をばとぐるなりと信じて、念仏まうさんとおもひたつこゝろのをこるとき、すなはち摂取《せつしゆ》不捨《しや》の利益《りやく》にあづけしめたまふなり（「あづく」には「参加させる」という意味がある）。

「弥陀の誓願不思議」を信じて、「往生をばとぐるなりと」と納得して、念仏をすることが「本願念仏」のすべてである。この第一条のはじめの言葉は、「本願念仏」の本質をよく示している。問題は、一度納得したにもかかわらず、念仏するようになったあとに、色々と不審や疑問が出てくることなのである。つまり、念仏をするようになったにもかかわらず、「弥陀の誓願」に対する疑問が生じ、往生をとげることに対する気持ちが揺れ動いてやまない。

阿弥陀仏の誓願を信じて、念仏すれば往生できると納得しても、納得の内容について、何度も考え直すようになる。そこで大事なことは、念仏を選ぶ以前と、以後での私の心のあり方に大きな違いが生じているということである。

勢観房・念仏房が問題にしている「信心」は、はじめて阿弥陀仏の本願に出遇《であ》い、本願を信じるかどうかをめぐって、判断を迷っているレベルなのである。それに対して、親鸞がいう「信心」の内容は、念仏がもたらす「まことのこころ」のことなのである。もう少し説明しよう。

一般的にいうと、信心が異なるというのは、信心の対象が異なるということであろう。だが、ここでは阿弥陀仏の本願を信じるという点では、二人の弟子も親鸞も同じなのであるが、二人の弟子が問題としているのは、本願を信じるときの心構えが異なっている、というレベルなのである。勢観房・念仏房が親鸞に反対しているのは、人格のあり様が信心のあり方に違いをもたらすはずだ、という点からであった。法然のように、戒律を守り、清らかな心で本願を信じるのと、親鸞のように、妻帯し戒律も守れないような生き方で本願を信じるのとでは、同じく信じるといっても違いがあるのは当然だ、というのである。

ほかにも、必死に信じているのか、いい加減な気持ちで信じているのか、その差も信心のあり方に違いを生むと考えられていたのであろう。あるいは、病気が治るようにと祈る念仏や、現実の不満を解消するための念仏では、やはり、信心に違いがあるということになろう。

阿弥陀仏の本願を納得する仕方、阿弥陀仏の本願をどういう目的で選ぶのか、そこだけに焦点を合わせると、それぞれの事情に応じて違いが出てくることになる。勢観房・念仏房が問題にしている信心のレベルは、こうしたレベルであり、信心に違いがあるのは仕方のないこと、あるいは、当然だと考えていたのだと思われる。

それに対して、親鸞が披瀝した信心の問題は、念仏をするようになったあとのことである。念仏をすることによって、自分のなかに阿弥陀仏の心が灯るようになる。この、念仏によってもたらされる阿弥陀仏の心が「まことのこころ」（親鸞は「金剛の真心」とか「大信心」という）なのである。「まことのこころ」は、人間の心持ちに左右されるものではなく、称名《しょうみょう》によって、すべての人において等しく、同じように生じる。

ところで、ことをややこしくしているのは、法然も親鸞も、「如来よりたまはりたる信心」というが、どのようにして「如来よりたまはる」のか、という方法の説明をしていないのである。実は、『歎異抄』では、どうすれば如来（阿弥陀仏）から「まことのこころ」をたまわることができるのか、その方法の説明がぬけている。たまわる方法がはっきりしなければ、自分で勝手にたまわったと思えば、たまわったことになる。なかには、信心を如来よりたまわるためには、神秘的な体験をしなくてはならないとか、深い瞑想が必要だという誤解や疑問が生じてくるであろう。

つまり、「源空《げんくう》の信心も念仏によってたまわるのだ」と、念仏による、というフレーズをつけ加えれば分かりやすくなったのであろう。「如来よりたまはりたる信心」の「信心」は、念仏によって生じる阿弥陀仏の心、つまり「まことのこころ」なのである。私たちが阿弥陀仏の誓願を信じようと決断をする「信心」なのではない。決断するときは、人それぞれ事情が違うので、決断の仕方には違いがあって当然であろう。「信心」を納得の仕方という意味で理解するならば、違いがあっても不思議ではない。

あえてくりかえすが、『歎異抄』における「信心」という言葉には、二つの使い方がある。一つは、私たちが阿弥陀仏の本願を選択するという意味。二つは、念仏によって阿弥陀仏の心が、私たちの心にいわば灯るようになる、という意味。このときは「信心」と書いても、「まことのこころ」という意味になる。このような違いをふくむ「信心」という言葉を、親鸞たちは、同じ「信心」という文字で表すために混乱が生じるのだが、親鸞が同じ言葉にこだわる意味もある。つまり、阿弥陀仏の本願を選択するという私の決断は、念仏をするようになると、ますます強固で揺るぎのないものに深まってゆくからである。

勢観房・念仏房にとって、法然は絶対的な人格であった。真理を説く人がいないと、真理は伝わらない。しかし、真理を説く人に対する尊敬の念が度をすぎると、その人が説いた教えよりも、その人を崇拝することで終わる。仏教では昔から、教えは人に依るのではなく、必ず法（真理）に依らなくてはならないと戒めてきた。この点からいえば、勢観房・念仏房は、どちらかというと、法然を崇拝する気味が強かったのではないか。

法然による仏教史上の最大の革命は、どんな人でも、どんな心持ちであっても、本願に基づく念仏をすれば必ず浄土に生まれて仏になる、ということを教えた点である。勢観房・念仏房にしろ、「遁世《とんせい》の聖」として生を全うした。世間のもめごとに悩まされないような静かな境地のなかで、念仏をする道を選んだ。それでは、法然が在家のための念仏であることを強調した意義が、十分に生かされたとはいい難いであろう。

「親鸞一人がためなりけり」

「結文」で大切な文章の第二は、以下である。現代語訳で紹介する。

親鸞聖人がつねに仰せになっていたことは、「阿弥陀仏の、きわめて長期間、思惟《しゆい》された願いは、よくよく考えてみると、ひとえに親鸞一人のためなのであった。そう思うと、多くの悪業《あくごう》に縛られたわが身であったのに、その身を助けようと思い立ってくださった本願がなんとありがたいことか」ということでした。

原文でいうと、「聖人のつねのおほせには、弥陀の五劫《ごこう》思惟の願をよく〳〵案ずれば、ひとへに親鸞一人がためなりけり」、である。文中の「弥陀の五劫思惟の願」は、阿弥陀仏の四十八願（38ページ参照）、とくに第十八願（51ページ参照）のこと。

「よくよく案ずれば」は、とても含蓄のある言葉だと考えられる。仏がいったことは、凡夫には分からない。だが、それも辛うじてわが身を通して、思いめぐらすことはできる。わが身を通して思いめぐらすと、仏意の一端が分かる。わが身を通さずに、論評ばかりしていては、分からない。仏教の研究は、わが身を通さないと、いくら研究しても役に立たない。どうして、阿弥陀仏が五劫という時間をかけて、考えに考え抜いて、わが名をよべという工夫をしたのか。そのことを自分にひきつけて思いめぐらすと、「親鸞一人のためであった」ということが分かった、というのである。

「阿弥陀仏の物語」は、客観的に見ている限り、いつまでもおとぎ話や神話でしかない。しかし、ひとたび、わが身を通して思いめぐらすと、神話のように見える「弥陀の五劫思惟」は、自分ただ一人のためであったことが分かってくる、という。

どうして、親鸞は阿弥陀仏の本願を、「親鸞一人がためなりけり」と思うことができたのか。それは、『歎異抄』の言葉でいえば、「そくばくの（多くの）業をもちける身」だという自覚があったからである。「そくばくの業」とは、自分の意識をはるかに超えた数えきれないほどの悪業という意味である。自分でも想像しきれない過去の悪業が今の自分をつくっている、そのことに思いいたると、そこには絶望しかない。だが、阿弥陀仏は、このような私を助けようと思って、四十八にのぼる願をたてたのではないか。そのことが分かると、本願のありがたさが身に沁みてくる、というのである。

　私たちは、自分の罪悪の深さを知らないから、日々なんとか暮らしていられるのであろう。「本願念仏」では、わが身の罪悪を善に変えよ、とか、阿弥陀仏の慈悲《じひ》の深さに気づかないなら罰を与える、とか、そういうことは一言もいわない。迷っているわが身に気づいてほしい、というだけのこと。このままの人生を生きていくだけならば、六道輪廻《ろくどうりんね》（126ページ参照）をくりかえすしかないだろう、と気づくことが、「弥陀の五劫思惟の願」をわがものとできる一番大切な条件だ、というのである。

　普通は、六道輪廻は迷信だと高《たか》をくくり、死んでも地獄に行くわけではない、死ねば「無」になる、というくらいの気持ちで、私たちは、日常では適当にお茶を濁して暮らしている。

　思えば、なぜ六道輪廻という考え方が生まれてきたのか。一言でいえば、人生には、悩みや不安、絶望や悲哀があるからだ。しかも、その悩み・不安・絶望・悲哀がなにに由来しているのかも、ほとんど分からない。仮にそれらの原因の一端が分かっても、取り除くことができない。そこにまた悲しみが増してくる。

六道輪廻の自覚は、六道から抜け出たいという願いを生み出す。こうした願いがあるところにこそ、救いがあるといってよい。これが、つぎに紹介する「たゞ念仏のみぞまことにておはします」という一文と関係してくると考えられる。

この世界に真実はない

「結文」に見る、三つ目の大事な文章は以下である。

私たちは、阿弥陀仏のおかげで助かったのだ、といわずに、自他ともに、自らの善によって救われ、悪を犯したから救われないのだ、と善悪ばかりをいい争っているのです。親鸞聖人は、「善悪の二つについては、私はまったくわきまえるところがありません。なぜならば、阿弥陀仏がよいと思われるほどに、よいことを徹底的に知っているのであればこそ、善を知ったということになるでしょう。また、阿弥陀仏が悪いとお知りになるほどに、悪を知り尽くしているのであればこそ、悪を知ったということになるでありましょうが、煩悩具足《ぼんのうぐそく》の凡夫と火宅無常の世界においては、善悪の二つをふくめて、一切が空言《そらごと》であり、戯言で、真実がないのです。それにつけても、ただ念仏だけが真実でおわすのです」、とおおせになったのです。

　まことに、私どもは、自他ともに、真実から遠いことばかりいい争っているのですが、なかでも悲しいことがあります。それは、念仏するにつけて、信心のあり方を互いに問答して、人にもいい聞かせる際に、人の口をふさいで、議論に勝つために、まったく親鸞聖人の仰せにないことをも仰せだということは、はなはだ嘆かわしいことだからであります。この趣旨をよくよく了解し、会得されますように。


　仏教では、浄土教《じょうどきょう》に限らず、悪をやめて善いことを行え、と教える。その場合の善いこととは、いわゆる五《ご》戒《かい》の順守をさす。五戒は、在家の仏教徒が守るべき教えといわれている。殺さない（不殺生《ふせつしょう》）、盗まない（不偸盗《ふちゅうとう》）、よこしまな性行為はしない（不邪淫《ふじゃいん》）、嘘をいわない（不《ふ》妄語《もうご》）、酒を飲まない（不《ふ》飲酒《おんじゅ》）、の五つであるが、いずれも守りきることはむつかしい。それゆえに、なにが善であり、なにが悪であるかという議論も盛んに行われてきたのであろう。

　だが、親鸞はここではっきりと、自分はそうした善悪の議論にかかわらない、いや、なにが善であり悪であるのか知るところではない、と明言している。すでに何度も見てきたように、「本願念仏」においては、善悪は問われない。善人であろうが悪人であろうが、本願を信じて念仏すれば、誰でも浄土へ迎えられて仏になることができる、それが「本願念仏」の教えである。いまさらのように、善悪を議論することは、「本願念仏」の趣旨に反するといえよう。

親鸞があらためて、なぜ善悪について知るところがない、関心がないと断定するのか。右の文によれば、阿弥陀仏が知っているほどに、私たちが善悪を知り尽くしているのならば、善悪を議論してもよいが、私たちの知る善悪は、きわめて表面的で限定されているからなのである。

そもそも、善悪が発動される背景には、「宿業《しゅくごう》」のはたらきがある。悪と見える行為も、いつしか善への契機となっていることもある。私たちには、それが分からない。「宿業」を知る智慧がないからだ。となれば、ますます善悪については、踏み込んだ議論はしようがない。

だが、世間では、道徳のレベルで、善悪が論じられることが圧倒的に多い。道徳では、悪は本人の意志の弱さが原因とされ、その弱い意志を強固にすることが求められる。それができない人間は、人間の屑《くず》として排除されてしまう。道徳がいう善悪論が、どこか宙に浮いた印象を与えるのは、その浅い人間観に根差すのであろう。

ここで親鸞は、人間が最終的に依拠できる「よりどころ」がなんであるのか、という問題に一挙に分け入る。善悪が分からないだけではない、すべてが人間には分からないのだ、と。

右の文章でいえば、「煩悩具足の凡夫と火宅無常の世界においては、善悪の二つをふくめて、一切が空言であり、戯言で、真実がないのです」、となる。

人には善悪を論じる力がない、ということが話のポイントかと思いきや、「一切が空言」であるということが、親鸞のいいたい一面であったのである。一切が空言だという根拠は、一つは、世界が「無常」であること、二つは、そのなかに生きる人間が煩悩に縛られた存在であること、この二つにある。

世界は「火宅」であり「無常」

自分のあり方だけでなく、その自分が生きている世界が「火宅」であり、「無常」だというのである。「火宅」は、『法華経《ほけきよう》』に出てくる、この世のあり様の比喩である。さまざまな執着に苦しみながら、その苦しみを自覚することがないあり様を、火事で燃えている家のなかで、火事に気付かずに遊んでいる子供に譬《たと》えている。私たちの生きている世界が、「火宅」で「無常」ならば、なにを確かなものとして信じてゆけばよいのか。これでは、なにをたよりとすればよいのか、ということになろう。

また「煩悩具足の凡夫」とは、たんに欲望が深いということなのではない。エゴのために欲望が動員されるさまが煩悩なのである。エゴと無関係の欲望は、生物として必要な生理的欲望である。

欲望は、人間が生きてゆくためには不可欠なものであり、仏教はそれを否定しているわけではない。仏教が問題にするのは、エゴのために、不必要に動員される欲望のあり方なのである。エゴのために、といったが、要は、自己がかわいいということに関係する。そういう自己への執着心をコントロールできない人間が、「煩悩を具えた凡夫」にほかならない。私たちの心は、自己への執着、エゴという実体のないあり方を維持してゆくために苦労しているといってよい。

では、「煩悩具足の凡夫」が「火宅無常の世界」のなかで、「一切が空言であり、戯言で、真実がない」という事実を、引き受けて生きてゆくためには、どうすればよいのか。それがこの言葉に続く、「ただ念仏だけが真実でおわすのです」なのである。真実の念仏を

「よりどころ」に生きよ、というのである。

右の言葉の原文が「たゞ念仏のみぞまことにておはします」である。では、どうして「本願念仏」のみが真実であるのか。

唯一の真実に励まされて

念仏は、私のなかではたらく阿弥陀仏のすがたである。これもくりかえしになるが、阿弥陀仏という仏は、「南無阿弥陀仏」という名になっている。そして、その名を称えたときにのみ、称えた人に存在する。そして、称える人の心の奥底にはたらきかけて、その人を仏とする道を歩ませる。

このように、念仏が私のなかではたらく阿弥陀仏のすがたである以上は、念仏が真実でないわけがない、ということになろう。そうなれば、念仏が私の最終的な「よりどころ」となる。

「本願念仏」の教えがいう「救い」は、嫌な状況が消えてなくなるとか、不幸な状況が転換されて幸福な状況になるとか、ではない。現実に生じていることがらを、そのまま、たじろがずに受け止めることができる、ということであろう。

もちろん、「本願念仏」には、それだけにとどまらないはたらきがある。死後、阿弥陀仏の国に生まれて仏になり、さらに、この世に戻ってきて、苦しむ人々を救う、それが「本願念仏」の最終目的なのである。

私一人が救われればよい、というのは仏教ではないし、「本願念仏」の教えるところでもない。仏教では、私は独立した個人ではあるが、同時に、無数の他者との関係の網のなかの結び目の一つだ、とも考えている。そういう点からいえば、網全体が救われる教えでないと、本当の救済とはならないことになる。なかには、自分だけが救われればよいと考える人もいるであろうが、身近に苦しむ人たちがいて、それで安心が得られるであろうか。いずれ、苦しむ人のことが気になるはずである。人は、つながりのなかで生きているのであるから。

念仏のみが真実である、と考えられるようになると、すべてが虚しく、まことから遠い状況にあっても、そのことに驚かなくなる。そして、真実の念仏に励まされて、「一切が空言であり、戯言で、真実がない」世界を、「真実がある」世界にしようという気持ちも少しだが起きてくる。

親鸞は、当時の仏教が教えていた善を勧め、悪を排する道が、実質的な成果を上げることがないことに気づいて、「本願念仏」を選択したのである。その「本願念仏」の意義を強調するのがこの一節なのである。

『歎異抄』は、こうして終わりとなる。作者の唯円は、以下の言葉で、『歎異抄』を結んでいる。

以上のことは、決して私が勝手に申していることではありません。経典や注釈書の趣旨も知らず、仏法の教えを記した文章を深く心得て、了解したわけでもありませんから、さぞかし見苦しいことでありましょうが、昔、親鸞聖人がおっしゃった言葉の趣を、百分の一、その一端を思い出して書きつけたのでございます。

なんと、悲しいことでしょうか、幸いに念仏するようになったにもかかわらず、一直線に浄土の中心に生まれずして、辺地《へんじ》に一時の宿を取るようなことは。私は、同門の行者のなかで信心が異なることがないように、泣く泣く筆に墨を染みこませて、これを書き記すのです。名づけて、歎異抄というつもりです。軽々しく、人にお見せになりませぬように。

第十二章

『歎異抄』の付録「流罪の記録」

法然教団に対する弾圧

『歎異抄《たんにしよう》』には、「流罪の記録」が「付録」としてつけられている。このような「付録」をもっていないバージョンもある。私は、「流罪の記録」を「付録」とする『歎異抄』を評価する。というのも、「本願念仏《ほんがんねんぶつ》」の教えは、たえず「異義《いぎ》」との緊張関係をもたざるをえない一面と、権力的思考と結果的にぶつかりあう一面という、両面をもっているからである。

「異義」との関係については、すでに見てきたので、ここでは、「本願念仏」、とりわけ、その平等思想が権力的思考とぶつからざるをえなかった記録として、「付録」の意味を考えておきたい。

法然《ほうねん》が『選択本願念仏集《せんちやくほんがんねんぶつしゆう》』を世に問うたのは、一一九八年であった。それから七年後、「本願念仏」に対する弾圧がはじまった。直接のきっかけは、奈良の興福寺《こうふくじ》の僧侶たちが法然の教えを仏教の敵として、その禁止を朝廷に訴え出たことにある。

さらにその翌年の暮れ、当時の支配者、後鳥羽院《ごとばいん》が熊野に詣でている間に、仕えている女房たちが、「本願念仏」の法要に参加して、感激のあまり尼僧になってしまうという出来事があった。

この出来事に激怒した後鳥羽院が、年明けて一二〇七年二月に、法然の弟子たちを逮捕し、四人の死罪と法然らの流罪が決まった。さらに、法的拘束をもつ「本願念仏」禁止が発令された（「承元《じょうげん》の法難《ほうなん》」とよばれている）。

処罰に遇った僧侶たち

古代日本では、仏教が広まるにつれて、死刑の執行も減ってきていた。ある書によれば、死罪は八一〇年以後中止されてきている。そして、三五〇年ぶりに、保元の乱（一一五六年）に関して源 為義《みなもとのためよし》が死刑になったが、その処置に反対する人も多かったらしい。さらにそれから半世紀ほどあとの今回の死刑は、後鳥羽院の専横であったといわれている。

死刑、それも僧侶の死刑である。古代においても、刑の執行については、それなりに厳重な手続きがなされてきたが、今回はそれが一切なかったという。四人の僧侶は、二月八日に逮捕されて、二月十八日には死刑が執行されている。当時、死刑は立春から秋分までの間は執行されなかったという。この間は、樹木が繁殖する時期であり、人のタマシイもまた再生の可能性をもっている、と考えられていたからである。だが、今回の死刑の執行は、立春を過ぎた旧暦二月の半ばを、さらに過ぎていた。加えて、死刑を執行した責任者もまた僧侶の高位にあった。文字面だけ見ていると、僧侶が僧侶を死刑にするという、信じられない状況が生まれていたのである。

流罪になったのは、法然とほか七人の僧侶。法然は土佐へ、親鸞《しんらん》は越後へ、ほかの僧侶たちも備後《びんご》、伯耆《ほうき》、伊豆、佐渡へ流された。この六人のほかに、まだ二人がいたが、比叡山の高僧が身柄を引きとったため、流罪を執行されたのは六人であった。

ただ不思議なことに、法然教団の弾圧といっても、死罪になり、流罪となったのは、法然を除き、教団の主だったメンバーではなかった。死刑になったのは、念仏の法要で美声を発揮する念仏僧であり、流罪になった門弟たちは、法然教団のなかでは、「本願念仏」の伝道に熱心な、いわばラディカリストたちであり、教団の中枢にいたわけではなかった。

差別の解消に向けて

「承元の法難」によって、親鸞は、僧侶の身分を剝奪《はくだつ》されて、藤井善信《ふじいのよしざね》という俗名を与えられて越後へ流された。三十五歳であった。そこで親鸞は、僧侶ではなくなったわが身の姓を「禿《とく》」とし、それに「愚《ぐ》」の一字を重ねて、「愚禿親鸞」と名乗ることにする。「禿」は、散切りのおかっぱ頭のことであり、「愚」は悪人の自覚を示すものといわれている。

このような自分のあり方を、親鸞は僧侶でもなく、さりとて俗人でもない、「非僧非俗《ひそうひぞく》」と規定した。「非僧非俗」は、その後の日本仏教の僧職のあり方となって、今にいたっている。

親鸞は、その主著『教行信証《きょうぎょうしんしょう》』の末文で、この「承元の法難」について激しい批判をのべている。「天皇とその臣下たちも、法に背き、正義に反し、無道にも怒りを起こし、怨みを結ぶ」、と。

この文章の原型は、『無量寿経《むりょうじゅきょう》』にある。その内容は、およそつぎのとおり。「君主（主上）は聡明でなく、臣下に任せきり。臣下は自分の思いどおりにして、それを偽るためにからくりを弄する。（中略）またあるときは、（愚かな人間は）互いの利益がぶつかって、その怒りは怨みとなる」（阿満利麿　注解『無量寿経』ちくま学芸文庫）。

法然の「本願念仏」の教団は、この法難のあとも、さらに五十年間にわたって弾圧を受けることになる。日本の歴史の上では、めずらしく長期にわたる弾圧であった。そのためか、その後の「本願念仏」を教えとする教団はいずれも、世俗の権力におもねる面が強く、「非俗」の強さを失ってゆく。今日、「無宗教」の風が強い遠因として、本当の仏教のすがたが身近に、容易に見いだせないこともあるのであろう。

日常の秩序は差別によって成り立っているが、「本願念仏」では、一切が平等なのである。その平等性を基盤に社会をつくるのではなく、差別を前提としたままの社会では、いつまでたっても、人が道理に生きることはむつかしい。

話は一挙に近代にとぶが、東本願寺《ひがしほんがんじ》（真宗大谷派）の僧侶で高木顕明《たかぎけんみょう》という人物がいた。彼は一八六四年に愛知県で生まれ、東本願寺系の学校を卒業したことから、東本願寺の僧侶となり、和歌山県新宮《しんぐう》の浄泉寺《じょうせんじ》に入った。浄泉寺の門徒の多くは、被差別部落の貧しい人々であった。そのなかで、彼は部落解放運動や廃娼運動の先頭に立つようになる。

一九〇四年にはじまる日露戦争のころから、高木顕明は社会主義者と交流をはじめ、反差別、非戦の運動に一段と積極的になるが、一九一〇年の「大逆事件《たいぎやく》」で逮捕され、死刑の判決を受けた。「大逆事件」は、「天皇暗殺をはかる社会主義者・無政府主義者」たちの一網打尽を目指した事件であった。高木顕明は、のちに終身刑に減刑されたが、一九一四年、監獄で自死した。五十歳であった。のちに冤罪が判明している。

高木顕明には、「余が社会主義」という草稿がある。そのなかで、高木顕明は自らの社会活動の源泉は、阿弥陀仏の平等の心にある、とはっきりのべている。彼によれば、「南無阿弥陀仏」は、「平等の慈悲《じひ》や平等の幸福や平和や安慰」を意味しているのであり、「阿弥陀仏の心をわが心とする」のが念仏者としての自分の生き方である。そうである以上は、現実の社会的差別の解消や、非戦の実現に向けて活動するのは当たり前なのだ、と。

高木顕明は、逮捕された翌年、僧籍を剝奪《はくだつ》されたが、一九六〇年代以後にはじまる東本願寺の新しい信仰運動のなかで、一九九六年、処分が取り消され、名誉回復がなされた。加えて、東本願寺教団は、「今後の教団は高木顕明の意志を引き継ぐ」とまで表明したのである。

「流罪の記録」

あらためて、「付録」の全文を現代語訳で紹介しておく。

後鳥羽院（天皇在位は一一八三～一一九八年、院政は一一九八～一二二一年）の時代、法然上人《しょうにん》の本願念仏宗が盛んであったが（法然の『選択本願念仏集』は一一九八年の成立）、ときに（一二〇五年）、興福寺の僧侶が本願念仏宗を、仏教の敵として朝廷に訴え出た。加えて、弟子のなかに狼藉に及んだ者がいるという風評が立ち、事実無根の風評だけで、罪科に処せられた人々がいた。

一、法然上人と御弟子七人が流罪。また御弟子四人が死刑。

法然上人は土佐の国番田《はた》（幡多）という所へ流罪。罪人としての名は藤井元彦《ふじいのもとひこ》。年齢は七十六歳。

親鸞は、越後の国へ流罪。罪人としての名は、藤井善信、年齢は三十五歳。

浄聞房《じょうもんぼう》は備後の国へ。

澄西禅光房《ちょうさいぜんこうぼう》は伯耆の国へ。

好覚房《こうがくぼう》は伊豆の国へ。

行空法本房《ぎょうくうほうほんぼう》は佐渡の国へ。

幸西成覚房《こうさいじょうかくぼう》と善恵房《ぜんえぼう》の二人も流罪に決定。しかし、この二人は無動寺の前《さきの》大僧正が身柄を引き受けたという。

流刑となった人々は以上の八人である。

死刑に処せられた人々、

一番、西意善綽房《さいいぜんしゃくぼう》

二番、性願房《しょうがんぼう》
三番、住蓮房《じゅうれんぼう》
四番、安楽房《あんらくぼう》
いずれも二位《にい》の法印《ほういん》、尊長《そんちょう》の命令による。

親鸞は僧としての身分をあらためて、俗人としての名を与えられた。よって、僧でもなく俗人でもない身となった。それで「禿」という字をもって姓とすることを、官に申し出てゆるされた。そのときの上申書が、外記庁《げきのちょう》に納められているという。
流罪以後は、愚禿親鸞とお書きになった。

終章

「人界」に生まれる

人生がだんだん残り少なくなってくると、あらためて、自分の人生がなんであったか、と振り返りたくなるのも人情であろう。今さら振り返っても、取り返しのつかないことには変わりはないが、それでもどこかに、わが人生に納得したいという気持ちがはたらくのであろう。

そういうこともあってか、老人になると、自分の家系を尋ねることに熱心になる人も少なくない。自分の生命の流れを、血統という網目のなかに位置づけたい、そして、どこからきて、どこへつながってゆくのか、ということを見定めて安心しようというのであろうか。

「六道」のなかの「人界」

そういう年になって、最近、とくに納得すること著しいことがある。それは、「人界《にんがい》」に生まれる、という考え方である。それは、たんなる共感にとどまらず、これが分からないと、浄土《じょうど》仏教は分からないのではないかという思いにも、おそまきながらなっている。

「人界」とは、仏教でいう「十界《じっかい》」の一つである。「十界」というのは、辞書的な説明をすれば、「迷えるものと悟れるものとのすべての境地（存在もしくは生存の領域）を10種に分類したもの。すなわち、地獄界・餓鬼界・畜生界・阿修羅《あしゅら》界・人間界・天上界・声聞《しょうもん》界・縁覚《えんがく》界・菩薩《ぼさつ》界・仏界、である」（『岩波仏教辞典』）。「界」は、区切りの境目とか区切りのなかの領域や社会をいう。地獄から天上までの六つは、これまでにもしばしば言及してきた「六道《ろくどう》」のことである。「声聞」や「縁覚」は、大乗仏教の成立以前の「聖者」を示している。「菩薩」は、いうまでもなく大乗仏教の実践者たちである。「仏」は、仏教における完成者。「六道」は、生死の世界をさまよう「六凡《ろくぼん》」であり、「声聞」、「縁覚」、「菩薩」、「仏」は、執着を断つことに成功した人々で「四聖《ししょう》」とよばれる。

どうして、「十界」という考え方が生まれたのか。それは、「十界」のそれぞれに「十界」がそなわっているということを主張するため、だという。つまり、「地獄」といえども、同時にほかの九界がそなわっているのであり、「人界」にも、「人間」以外の九界が存在することになる。ということは、いかなる境涯にあっても、必ず「仏」になれるということであり、「仏」の世界にも「地獄界」があって、「仏」は地獄の罪人の救済に活躍する、ということだ。もっといえば、境涯がなんであれ、すべては「仏」になれるという意味で、成仏の「平等」を強調するために「十界」説が説かれたということであろう。

「人界」にある私が「仏」への道を歩むことができるのは、「人界」にも「仏界」がそなわっているから、ということになる。法然《ほうねん》が凡夫《ぼんぶ》の境涯を強調したのは、それが「人界」

の本質だからである。「人界」の存在であることが痛感できなければ、「仏界」への要求なども生まれようがない。

ニヒリズムの匂い

私が「人界」という考え方に共感するのは、もう少し世俗的な意味である。それは、自分の「生」を、思いも及ばない時間軸と空間軸のなかでとらえることのメリットである。

私たちは、自分の生命は誕生からはじまり、死をもって終わると考えている。その間の、長くて百年間が人生ということになる。そして、その間で、自己実現をはかり、人生の諸問題を解決しようとする。だが、だんだん時間がなくなってくると、差し掛けだらけの人生に慄然《りつぜん》とする。なにも実現されず、ましてや解決もなされていないのに、人生の残り時間だけがなくなってきている！と。

あるいは、社会の矛盾の解決のために、少なくない自己犠牲を重ねて運動を続けていても、一向に解決の兆しも見られずに、絶望に陥ることも少なくない。世の中はこんなものか、といった投げやりな気分が生まれたり、ニヒリズムに堕ちていったりもする。

こうした不安や絶望は、人生を誕生から死までに限定していることから生じるのではないか。死ねば無になるという考え方も、人生は、誕生からはじまり死で終わる、という「思い込み」から生まれているのではないだろうか。

物語に込められた「意味」

「思い込み」といったが、それでは、誕生から死までの人生以外に、どんな人生があるというのか、とただちに反論を受けるであろう。現実の人生以外に、別の人生があるとしたら、それは非科学的なおとぎ話でしかない、自分はそんな非科学的な空想などで人生を意味づけるつもりはない、と。

だが、人は科学的に証明できる時間軸や空間軸だけで生きているのではない。非科学的であろうと、納得できる「意味」の世界のあることが大事なのではないか。私には分からないが、スマホなどで若者たちはゲームに夢中になっている、と聞く。それは、ファンタジーや空想的な物語であっても、そこに納得するに足る「意味」があるからこそ、共感できることを示しているのであろう。

そういう意味では、人生を支える時間は、誕生から死までの百年間に限らないだろう。いや、むしろ百年間に限定するところに、人生の意味づけが浅くなり、豊かさが失われることにもなるのではないか。

この点、「六道」という「物語」によれば、生まれるということは、「六道」のいずれかから「人界」に生まれてくることであり、死ぬということは、「六道」のいずれかへ戻る、ということになる。

どうして、このような「物語」が生まれたのか。それは、人間のもつ、底知れない不安や不条理、不可解さ、不透明さに対処するためではないか。普通の暮らしでは、そうした「物語」を必要とはしない。運が悪かったとか、私には関係がないとか、人生はそんなものだというわけしり顔で、すませている。

しかし、不幸な人生を歩まざるをえなくなると、どうして私だけがこんなにつらい人生を送らねばならないのか、まったく途方にくれる。小説を地で行く人生に、われながら慄然とする。自分には、自分で分からない自分がいる、と。

そうした、自分のなかにいる不可解な自分を、正面から問題にした作家は少なくない。夏目《なつめ》漱石《そうせき》は、その代表的な一人であろう。漱石は、自分の心のなかには、「底のない三角形」や「二辺並行せる三角形」がある、あるいは、「海嘯《かいしよう》と震災は、ただに三陸と濃尾に起こるのみにあらず、また自家三寸の丹田中《たんでんちゆう》にあり、剣呑《けんのん》なるかな」(「人生」)と嘆いた。

古代インド人は、そうした不条理、不安、場合によれば恐怖を納得するために、「六道」の「物語」をつくったのではないか。「六道」は、科学的に証明できる実在だというのではなく、「六道」によれば、不条理や不安、恐怖の説明がつけやすい、ということなのだ。

そもそも、「六道」の「物語」を非科学的だといって否定しても、人間のもつ根源的な不条理や不可解さ、不安は解消されるわけではない。むしろ、問題が拡散してしまって、問いが立てにくくなるのではないか。

「人間」であるということ

私の親しいTさんは、魚釣りが趣味だが、普通の趣味ではない。魚を釣るとなると、なにもかも捨てて釣りに夢中になる。そして、針を降ろすときに、はや、どんな魚がかかってくるかが分かるし、実際に針が動くと、竿を上げるまでもなく、かかった魚の種類が分かるという。Tさんは、「私は魚の気持ちが分かるのです」とおっしゃる。そして、そのような釣り好きの自分を評して、「私の前世は魚だったに違いない」と。

それは、冗談なのであろうが、私から見れば、半分は本当ではないかと思われる。つまり、人間の好奇心や生き方には、「前世」云々とでもいうしかないほど、自分でも分からない力がはたらいていることが少なくないからである。

もとより、別に話を神秘的にするつもりはないし、ましてや、迷信を売り込むつもりもない。ただ「六道」に代表される「物語」は、現実の人生のなかでは説明がつかないことを、納得させてくれる効用があるということだ。いや、「六道」のなかの「人界」に生まれてきたと考えることによって、自分の本質なり、「人間とはなにか」という問いと向きあうことができるのである。それが、一番大事な点であろう。

「前世」ということは、仏教語では「未生以前《みしょういぜん》」ともいう、禅の公案のなかに「父母《ぶも》未生以前」を問え、というのがある。夏目漱石が鎌倉の円覚寺《えんがくじ》で参禅をしたときに与えられた公案が、これであった。この公案をめぐる話は、小説『門』に詳しい。

Tさんの「私の前世は魚でした」という言葉は、立派な公案であろう。さらに、どうして「魚」でなければならなかったのか、と問うと、釣り以外のことも見えはじめるのではないだろうか。私の人生を推し進めてきた、数えきれない「縁《えん》」をはじめ、人生の曲がり角で、どうしてこのような選択をしたのかも、「問い」としてあらためて浮かび上がってくる。つまりは、「私」を「私」たらしめているのはなにか、という「問い」の成立である。

人は、そうした「問い」によって、はじめて「人間」になってゆくのであろう。誕生ではじまり、死で終わりとする人生では、仮に「問い」が生まれても、それを解釈する余裕がない。「問い」の方が、巨大すぎるのだ。しかし、「人界」に生まれるという「物語」を採用すると、「人間」であることの不条理や不可解さや不安の解釈が可能となり、最終的には、「人界」の問題がどこにあるのかも分かってくる。そして、「六道」を経巡るのではなく、「六道」を超えた「仏」という世界に進む道のあることに気づくのである。

たしかに、こうした話は、すべて「物語」を前提にする。しかし、「物語」を笑ってはならない。漱石門下の寺田《てらだ》寅彦《とらひこ》は、あるエッセイのなかで、「なつかしや　未生以前の青嵐《あおあらし》」という一句をよんでいる（『柿の種』）。「青嵐」とは、季語で「初夏の青葉を吹き渡る風、薫風《くんぷう》」をいう。寅彦はこの句を、両親が亡き子のために休日ごとに谷中の墓地に通った、という話を聞いてよんだという。五月晴れのなかを吹き渡る風を全身に受けながら、「未生以前」を感じたのであろうか。日常を超える時間軸や空間軸の世界を感じたといってもよい。寅彦は物理学者であり、地震研究の大家であり、「天災は忘れたころにやってくる」という言葉で知られている。

ところで、ある日の東京新聞の「筆洗《ひっせん》」に、つぎのような話が記されていた。それは、ヨシタケシンスケさんの『このあと　どうしちゃおう』（ブロンズ新社）という本の紹介だ。亡くなった祖父の部屋を掃除していると、祖父の手になる一冊のノートが出てくる。天国はどんなところか、どんな神さまにいてほしいか、誰にもいえなかったことを聞いてくれる神さま、空の飛び方を教えてくれる神さま、等々。このノートを読む孫が、そのうち考える。おじいちゃんは楽しそうだけれど、本当は死ぬのが怖かったのではないか、と。実は、作者のヨシタケさんは、長患いの末に逝った母に、死の恐怖について一緒に考えてあげられなかったという悔いがあったのだ。だから、こういう本をつくって、日ごろからふざけ半分に、気楽に死について話し合えれば、という願いが込められている、という。

そこで「筆洗」で書いている。「どんな「あの世」に行きたいかを語り合えば、どう「この世」を生きたいかを語ることになるかもしれない」、と。

「六道」の「物語」に引き寄せていえば、つぎの生を「六道」のいずれになるかを予測すると、現世での生き方にも変化が生まれるのではないか。あの地獄や餓鬼、畜生の世界に戻るのか、それはもう御免だ、となるはずだが。

仏教では、死んでも「無」にならない

人は「人界」に生まれてくるものだ、という認識が、人間とはなにかを考えることになり、それがやがて「仏」への道を求めるようになることを強調したのは、九世紀の源信僧都《げんしんそうず》であった（その様子は、別に『『往生要集《おうじょうようしゅう》』入門』（筑摩書房）として書いておいたので、ここではふれない）。

それでも、自分に生じる怒りの激しさに慄然とするとき、これはかつて修羅の世界にいたときの名残りか、と疑い、あまりのケチさにあきれるとき、これは地獄の余臭なのかと肯き、食べ物への執着の強さに、まさしく餓鬼時代の名残かと、自分を相対化してみる。すると、人間存在の危うさが見えてくるし、場合によれば、人の苦しみは、結局は無知蒙昧《むちもうまい》、智慧《ちえ》の足らなさに原因があることも、おぼろげながら分かってくる。

そのときなのである。仏教に出遇《であ》うかどうか。出遇っても、自分のものになるかどうか。しかし、無知蒙昧に愛想を尽かす自分がいて、その自分から抜け出したいという要求が思いもかけず強くはたらいて、仏教に生きることになる場合もある。それは、まことに得難い縁といわねばならないだろう。過去の「六道」のいずれかで、何度も仏教に出遇っていたのであろう。そのときは、熟すことができなかったが、今度の「人界」では、見事に熟

したのだ。そうとでも思わないと、自分が仏教に出遇い、仏教に生きることになるという不思議に納得できないではないか。

わが人生を百年間に限定せず、「六道」や「十界」という広がりのなかでとらえてみると、思わぬ効用が生まれるように思う。死後、ふたたび「六道」に戻ることだけは御免蒙りたい、と願うならば、「仏」になるという道も開けるのではないだろうか。死ねば「無」になる、ではあまりにもさびしいし、生きてゆく上での力も生まれてこないように思う。

本章では、『歎異抄《たんにしょう》』の紹介を閉じるにあたって、私がなぜ『歎異抄』に惹かれたのか、その背景の一端を紹介してみた。読者の納得を得ることができたかどうか。

おわりに

読者のなかで、さらに『歎異抄《たんにしょう》』について知りたいと思われる方のために、また、日本人の宗教心について関心をおもちになった方のために、次ページに、拙著を参考としてあげておいた。ご覧いただければうれしい。

なお、本書は、ＮＨＫのＥテレ（教育テレビ）「こころの時代〜宗教・人生〜」で、二〇二二年四月から九月まで、六回にわたって放送した「歎異抄にであう」がきっかけとなって生まれた。番組をご覧になり、本書を企画された、河出書房新社編集部の飯島恭子氏と、編集の実務を担当された、風土文化社編集部の中尾道明氏にお礼を申し上げる。

阿満利麿

阿満利麿　著書

◎『歎異抄』関連
訳・注・解説『歎異抄』（ちくま学芸文庫）
『無宗教からの『歎異抄』読解』（ちくま新書）
『『歎異抄』講義』（ちくま学芸文庫）
『歎異抄にであう――無宗教からの扉』（ＮＨＫ出版）

◎その他
『日本人はなぜ無宗教なのか』（ちくま新書）
『人はなぜ宗教を必要とするのか』（ちくま新書）
『法然入門』（ちくま新書）
訳・解説『選択本願念仏集』（角川ソフィア文庫）
『親鸞』（ちくま新書）

写真提供
水戸市教育委員会／ColBase（https://colbase.nich.go.jp/）

河出新書 058

『歎《たん》異《に》抄《しょう》』入《にゅう》門《もん》

無《む》宗教《しゅうきょう》からひもとく

二〇二三年三月二〇日 初版印刷
二〇二三年三月三〇日 初版発行

著者 阿《あ》満《ま》利《とし》麿《まろ》
発行者 小野寺優
発行所 株式会社河出書房新社
〒一五一-〇〇五一 東京都渋谷区千駄ヶ谷二-三二-二
電話 〇三-三四〇四-一二〇一［営業］／〇三-三四〇四-八六一一［編集］
https://www.kawade.co.jp/

マーク tupera tupera
装幀 木庭貴信（オクターヴ）
印刷・製本 中央精版印刷株式会社

Printed in Japan ISBN978-4-309-63160-8